CERRADO

O QUE O BRASIL PODE APRENDER COM ELE

Marcelo Bizerril

Editora Saraiva

Editora Saraiva

Presidência: Guilherme Melega

Vice-presidência de soluções e serviços educacionais: Camila Montero Vaz Cardoso

Direção editorial: Lidiane Vivaldini Olo

Gerência editorial: Julio Cesar Augustus de Paula Santos

Coordenação editorial: Laura Vecchioli do Prado

Edição: Carlos Eduardo de Oliveira (editor responsável), Gabriela Castro (editora) e Bianca Ramos (estagiária)

Planejamento, controle de produção e indicadores: Flávio Matuguma (ger.), Juliana Batista (coord.), Jayne Ruas (analista) e Renata Mendes (assistente)

Revisão: Letícia Pieroni (coord.), Aline Cristina Vieira, Anna Clara Razvickas, Carla Bertinato, Carolina Guarilha, Daniela Lima, Danielle Modesto, Diego Carbone, Elane Vicente, Gisele Valente, Helena Settecerze, Kátia S. Lopes Godoi, Lilian M. Kumai, Luana Marques, Luíza Thomaz, Malvina Tomáz, Marília H. Lima, Paula Freire, Paula Rubia Baltazar, Paula Teixeira, Rafael Simeão, Raquel A. Taveira, Ricardo Miyake, Shirley Figueiredo Ayres, Tayra Alfonso, Thaise Rodrigues e Thayane Vieira

Arte: Fernanda Costa da Silva (ger.), Fábio Cavalcante (edição de arte)

Diagramação: Fábio Cavalcante e Ana Clara Xavier

Iconografia: Roberta Siqueira Ribeiro Bento (ger.), Iron Mantovanello (coord.), Paula Squaiella (pesquisa iconográfica), Fernanda Crevin (tratamento de imagens)

Cartografia: Eric Fuzii (coord.) e Robson Rosendo da Rocha (edição de arte)

Design: Fábio Cavalcante

Fotos de capa: Cavan-Images/Shutterstock, Cristian Lourenço/Getty Images, Larissa Chilanti/Shutterstock, Ondrej Prosicky/Shutterstock, Paralaxis/iStock/Getty Images, Reprodução/Acervo do autor, Luciana Whitaker/Pulsar Imagens

Avenida Paulista, 901, 6º andar – Bela Vista
São Paulo – SP – CEP 01310-200
http://www.somoseducacao.com.br

Dados Internacionais de Catalogação na Publicação

Bizerril, Marcelo
Cerrado : o que o Brasil pode aprender com ele / Marcelo Bizerril. -- 1. ed. -- São Paulo : Saraiva Educação S.A, 2023.

Bibliografia
ISBN 978-65-5867-134-3

1. Cerrado 2. Conservação da natureza 3. Ecossistemas 4. Livros de leitura (Ensino fundamental) I. Título

23-4222 CDD 372.412

Angélica Ilacqua – Bibliotecária – CRB-8/7057

Dados Internacionais de Catalogação na Publicação

Bizerril, Marcelo
Cerrado [livro eletrônico] : o que o Brasil pode aprender com ele / Marcelo Bizerril. -- 1. ed. -- São Paulo : Saraiva Educação S.A, 2023.
PDF

Bibliografia
ISBN 978-65-5867-135-0 (e-book)

1. Cerrado 2. Conservação da natureza 3. Ecossistemas 4. Livros de leitura (Ensino fundamental) I. Título

23-4223 CDD 372.412

Angélica Ilacqua – Bibliotecária – CRB-8/7057

2023
Código CAE 825983
1ª edição
1ª impressão

Impressão e acabamento: Bercrom Gráfica e Editora

Uma publicação SOMOS EDUCAÇÃO

SUMÁRIO

Para Giovana e Taís, presente e futuro do Planeta Cerrado.

FG Trade/E+/Getty Images

Nascer do sol no Parque Estadual do Jalapão (TO).

PREFÁCIO

Cara amiga, caro amigo,

Permita-me uma breve apresentação. Eu me chamo Marcelo e nasci em Brasília lá pelo século passado. Sou professor de Ciências e autor de outros livros sobre o Cerrado, onde vivo até hoje.

Algumas obras que escrevi foram *Vivendo no Cerrado e aprendendo com ele*, *Outros 500* e *Savanas*, todos publicados também pela Saraiva. *Vivendo no Cerrado* foi um dos primeiros livros informativos a fazer uma discussão ampla e interdisciplinar sobre essa região. *Outros 500* é um livro que conta as aventuras de uma jovem em viagem pelo interior do Brasil e como isso mudou sua forma de ver o país após conhecer uma aldeia xavante. *Savanas* é a história de um macaco-prego que entra em um portal mágico no Cerrado e vai parar direto na Savana africana. Enfim, são formas variadas de falar sobre as belezas e a relevância desse bioma tão importante para nós.

Mas neste livro pretendo conversar com você de uma forma diferente, misturando tudo o que aparece nos meus outros livros. Gostaria que lesse esta obra como quem lê uma história, então saiba que a sequência do texto e das unidades é muito importante para a compreensão do que quero contar para você. Minha ideia é conversar sobre o Cerrado... Na verdade, sobre os Cerrados, porque como ele é muito extenso, abriga muitas formas de paisagens e culturas. E assim farei.

Acontece que o Cerrado não é um lugar isolado do mundo e da história da vida no planeta. O funcionamento dele, as relações entre os animais e as plantas e as mudanças no ambiente feitas pelo ser humano são semelhantes ao que acontece em diversos outros biomas da Terra. Da mesma forma, grande parte das experiências de vida nos bairros e nas cidades do Cerrado brasileiro também são comuns a jovens em outros biomas do Brasil e em todo o resto do mundo.

De fato, os habitantes do Cerrado são cidadãos de um planeta que é ao mesmo tempo único e compartilhado com bilhões de outras pessoas de culturas bastante diferentes. Portanto, para entendermos bem o que se passa em cada diferente região desse pedacinho do mundo chamado Cerrado, é preciso entender o que se passa no resto do planeta. Contarei, então, uma história que falará do planeta Terra e do Cerrado ao mesmo tempo.

Outro ponto importante é que o modo como vemos o mundo — e o Cerrado — agora no século XXI é muito influenciado pelo que a ciência desenvolveu nos séculos passados. Por isso, ao contar esta história, vou fazer menção a pessoas e descobertas que foram fundamentais porque mudaram nossa forma de ver a natureza, a vida e as sociedades humanas.

Espero que embarque com gosto nesta jornada e aproveite a história, da qual você será não apenas uma das personagens principais, mas também um autor com o desafio de escrever a sua continuidade, ou seja, o futuro do Cerrado e do planeta Terra.

Boa leitura!

MB

UNIDADE 1

NOSSO PLANETA, NOSSO CERRADO

O céu noturno na chapada dos Veadeiros fascina com sua infinidade de estrelas (Cavalcante - GO, 2021).

Andre Dib/Pulsar Imagens

UM PEQUENO **MUNDO** AZUL

Quem vive na zona rural ainda tem o privilégio de olhar para o céu à noite e se deslumbrar com o mistério que durante muito tempo intrigava nossos antepassados. Na ausência do Sol, os incontáveis pontos brilhantes no céu, vez por outra riscados por cometas, juntamente à Lua – ora enorme e brilhante, ora reduzida a menos da metade – e tantos outros astros na noite escura dão uma dimensão diferente à nossa vida cotidiana.

São ao menos duas perspectivas importantes. A primeira revela quanto somos pequenos, sendo a Terra até mesmo irrelevante neste imenso Universo que, aos poucos, vem sendo mais bem compreendido pela ciência. Haverá vida como a nossa ou em outras formas inimagináveis em algum lugar desse vastíssimo espaço sideral? As probabilidades indicam que sim, mas não temos nenhuma evidência que as comprove.

Por isso mesmo a outra perspectiva é inversa e afirma quanto o planeta Terra é único e fundamental para nós e para todos os seres que o habitam. Como é incrível que neste vasto Universo haja uma esfera girando em torno de uma estrela, o Sol, que reúna condições tão favoráveis para a vida, como a presença de água e de uma atmosfera com oxigênio e outros gases que nos protegem dos raios solares e equilibram a temperatura do planeta; enfim, um criadouro de milhares de possibilidades de manifestação da vida.

Imagem da Terra produzida pela NASA a partir de dados do satélite GOES-East, em 2014.

No mundo ocidental, os gregos, desde o século IV a.C., aceitavam a ideia de que a Terra era redonda. A partir da Idade Moderna e das descobertas dos astrônomos da época, como Nicolau Copérnico e Galileu Galilei, já se sabia que habitávamos um planeta do Sistema Solar. Contudo, foi na segunda metade do século XX, com as primeiras sondas espaciais e as incursões dos seres humanos ao espaço, que a Terra pôde finalmente ser vista e fotografada de fora, primeiro a partir de sua órbita e, depois, da Lua.

Em 12 de abril de 1961, o astronauta soviético Iuri Gagarin se tornou o primeiro ser humano a viajar pelo espaço, dando uma volta completa ao redor da Terra e anunciando: "A Terra é azul!". As imagens confirmavam a beleza do planeta e o predomínio da água – a substância mais importante para a vida – em sua superfície.

Essas imagens impactaram profundamente a população humana à época, mas devem nos impactar até hoje e para sempre, para nos lembrar da dimensão do que somos diante do Universo e da fragilidade do equilíbrio do planeta. Tudo isso nos ajuda a entender e a assumir, de fato, nossa enorme responsabilidade de cuidar do planeta, da vida que ele abriga e de nossa própria sobrevivência.

Podemos considerar o planeta Terra um único ser vivo, no sentido de que fenômenos que ocorrem em diferentes partes dele podem impactá-lo de alguma forma. Mas também podemos observar o planeta do ponto de vista de onde vivemos, do nosso pedaço da Terra. No nosso livro, vamos descobrir um pedacinho do planeta que se situa no continente sul-americano, na região central de um país chamado Brasil: o Cerrado!

O soviético Iuri Gagarin (1934-1968) alcançou a órbita terrestre a bordo da cápsula Vostok 1, em 1961.

Neste livro, vamos discutir questões fundamentais ligadas ao cuidado com o planeta Terra, mas sempre trazendo o foco desses assuntos para o Cerrado brasileiro.

ÁGUA É VIDA

A água compõe a maior parte de todos os seres vivos e é o meio líquido que possibilita que ocorra, no interior desses organismos, uma infinidade de reações químicas ligadas à sua sobrevivência e à sua reprodução. O incrível disso tudo é que a água não pode ser sintetizada, ou seja, não podemos fabricá-la. A água não entra nem sai do planeta.

Toda a água disponível na Terra foi produzida por processos complexos, que ainda são muito debatidos entre os cientistas e que ocorreram ao longo de milhões de anos, durante a formação do planeta. Hoje, a água circula livremente em oceanos, lagos e rios, na forma de geleiras, lençóis freáticos, em camadas profundas do subsolo e na composição dos seres vivos. Essa água é levada para a atmosfera ao ser evaporada pelo calor do Sol ou pela transpiração dos seres vivos, sendo, então, redistribuída de volta à superfície pelas chuvas. Desse processo, resultam regiões mais úmidas e outras mais áridas na superfície terrestre, o que nos leva a entender que, apesar de o planeta ser azul, a água não está disponível de modo uniforme em sua superfície. Enfim, a água cai do céu, mas não para todos.

A gruta do Lago Azul, localizada em Bonito (MS), foi tombada como monumento natural pelo Instituto do Patrimônio Histórico e Artístico Nacional (IPHAN), em 1978. Situada entre o Cerrado e o Pantanal, a região tem características de ambos os biomas.

Vadim_N/Shutterstock

O Brasil é um país que detém uma grande reserva de água doce, principalmente na bacia Amazônica. É também a Floresta Amazônica a responsável por grande parte da transpiração de vapor de água para a atmosfera, impulsionando os chamados rios voadores, correntes de vapor de água que partem do oceano Atlântico rumo a diversas regiões do continente sul-americano.

O Cerrado também tem um papel fundamental na regulação do clima, pois as longas raízes de suas árvores buscam água em locais profundos do subsolo e a disponibilizam para a atmosfera por meio da transpiração. O Cerrado fica em uma porção elevada do relevo, no centro da América do Sul, e suas inúmeras nascentes escorrem em diferentes direções, dando origem a grandes rios, como o Araguaia e o São Francisco, e compondo diversas bacias hidrográficas em outros biomas.

De fato, o Cerrado é famoso por suas chapadas e inúmeras cachoeiras, bem como pela grande quantidade de água em seu subsolo, com destaque para o aquífero Guarani, que ocupa a parte sul do bioma e se estende até o Uruguai e a Argentina. É por isso tudo que muitos se referem ao Cerrado como o "berço das águas" ou a "caixa-d'água" do Brasil.

NA PRÓXIMA VEZ que visitar um rio ou uma cachoeira, ou mesmo quando observar a chuva, pense no valor incalculável da água e em como precisamos usá-la com responsabilidade e cuidado para que ela continue circulando pelo planeta.

NiarKrad/Shutterstock

O notável rio São Francisco nasce no Cerrado e percorre os estados de Minas Gerais, Bahia, Pernambuco, Sergipe e Alagoas, até desaguar no oceano Atlântico. Na foto, vista do rio no município de Piranhas (AL).

AQUÍFERO GUARANI

Banco de imagens/Arquivo da editora

Fontes: BRASIL. Ministério do Meio Ambiente. *Brasil estuda aquífero três vezes maior que o Guarani*. Disponível em: https://www.gov.br/mma/pt-br/noticias/brasil-estuda-aquifero-tres-vezes-maior-que-o-guarani. Acesso em: 7 jul. 2022; ROSA FILHO, E. F., *et al.* Sistema Aquífero Guarani: considerações preliminares sobre a influência do Arco de Ponta Grossa no fluxo das águas subterrâneas. *Águas Subterrâneas*, n. 17, maio 2003. Disponível em: https://doi.org/10.14295/ras.v17i1.1315. Acesso em: 7 jul. 2022.

Buritizeiro (*Mauritia flexuosa*).

Cassandra Cury/ Shutterstock

O SISTEMA PERFEITO

No Cerrado — assim como em qualquer ambiente natural, em qualquer lugar do mundo —, você pode se sentar à sombra de uma árvore, um pequizeiro, por exemplo, e observar em volta. Se olhar com atenção, verá uma enorme variedade de plantas, de grandes árvores a gramíneas e ervas. Se fechar os olhos e apurar os ouvidos, escutará o vento nas folhas e sons de aves e insetos. Se vasculhar com mais cuidado ainda, verá insetos, pequenas aves, lagartos, ninhos, tocas e rastros. Se der sorte, poderá, quem sabe, ver um mico-estrela, uma arara, um periquito, um tucano, um tatu, uma serpente, uma seriema ou até um lobo-guará! O interessante é que toda essa diversidade de vida está lá, sem ninguém para regar as plantas ou alimentar os bichos. O sistema funciona perfeitamente. Como isso é possível?

Reprodução/Acervo do autor

Mico-estrela (*Callithrix penicillata*).

Cassandra Cury/Shutterstock

Seriema (*Cariama cristata*).

Todos os sistemas naturais seguem o mesmo princípio. O Sol é a principal fonte de energia que abastece o sistema. Mas apenas a luz e o calor não são fontes de energia suficientes para a vida animal. São as plantas que, por meio da fotossíntese, conseguem utilizar a energia luminosa do Sol, transformando-a em energia química utilizável pelos seres vivos para suas necessidades de sobrevivência e reprodução. São folhas, frutos, flores, néctar e seivas das plantas do Cerrado que fornecem alimento para um besouro, um beija-flor ou uma anta, possibilitando que acessem parte daquela energia disponibilizada pelo Sol.

E é ao se alimentar desses animais que uma aranha, uma serpente ou uma onça-pintada, seres especializados em comer apenas outros animais, acessam a energia do Sol transformada pelas plantas, que serviram de alimento àquele primeiro grupo de animais. Mas ainda é preciso considerar que há seres que, como nós, os humanos, comem tanto plantas quanto outros animais, o que torna o sistema ainda mais complexo.

Por fim, animais e plantas morrem e são decompostos por bactérias e fungos. A matéria viva que os formava é incorporada ao solo, como compostos químicos que serão utilizados pelas plantas, que não precisam só de luz do Sol, mas também de água e nutrientes necessários para compor suas estruturas, que são absorvidos pelas raízes.

O sistema, então, é mesmo perfeito. Assim como a água, os elementos químicos que compõem os seres vivos, o que chamamos de matéria, não entram nem saem do planeta, mas já estão aqui, como parte da grande rocha original de 4,6 bilhões de anos, e são reciclados. Apenas a energia não é reciclada, pois provém do Sol e vai sendo pouco a pouco utilizada pelos seres vivos nessa sucessão de criaturas alimentando-se umas das outras, o que chamamos de cadeias ou teias alimentares.

NA PRÓXIMA VEZ que observar um campo, um Cerrado ou uma mata, pense em como é incrível que esse sistema funcione a partir dos raios solares, da existência do solo (formado por rochas que foram moídas por ação natural e misturadas ao material orgânico pela ação de seres microscópicos) e pela própria ação das plantas e dos animais e de sua capacidade de buscar a própria sobrevivência.

No entanto, há ainda um detalhe. Os raios solares não fornecem apenas luz e energia. Sua ação também pode ser prejudicial, provocando danos aos seres vivos, como no caso dos raios ultravioleta, que provocam queimaduras e mutações que podem causar a morte de animais e plantas, além de doenças como o câncer nos seres humanos. A boa notícia é que os gases que compõem a atmosfera terrestre, sobretudo o ozônio (O_3), filtram a entrada dos raios ultravioleta, dificultando sua chegada à superfície terrestre. Esses gases formam a camada de ozônio, que circunda o planeta a cerca de vinte quilômetros de altitude.

Outra função importantíssima da atmosfera é manter o planeta aquecido, ao impedir que o calor se dissipe para o espaço. A atmosfera atua como um vidro de estufa, impedindo que os raios solares reflitam na Terra e a deixem rumo ao espaço. Nesses termos, esse "efeito estufa" é um fenômeno natural que impede que a Terra fique tão fria a ponto de inviabilizar a vida no planeta.

Ao olhar para o céu, pense na beleza da existência da atmosfera e na sua importância para que possamos ter o Sol nos aquecendo, sem correr os riscos mortais que ele próprio representa.

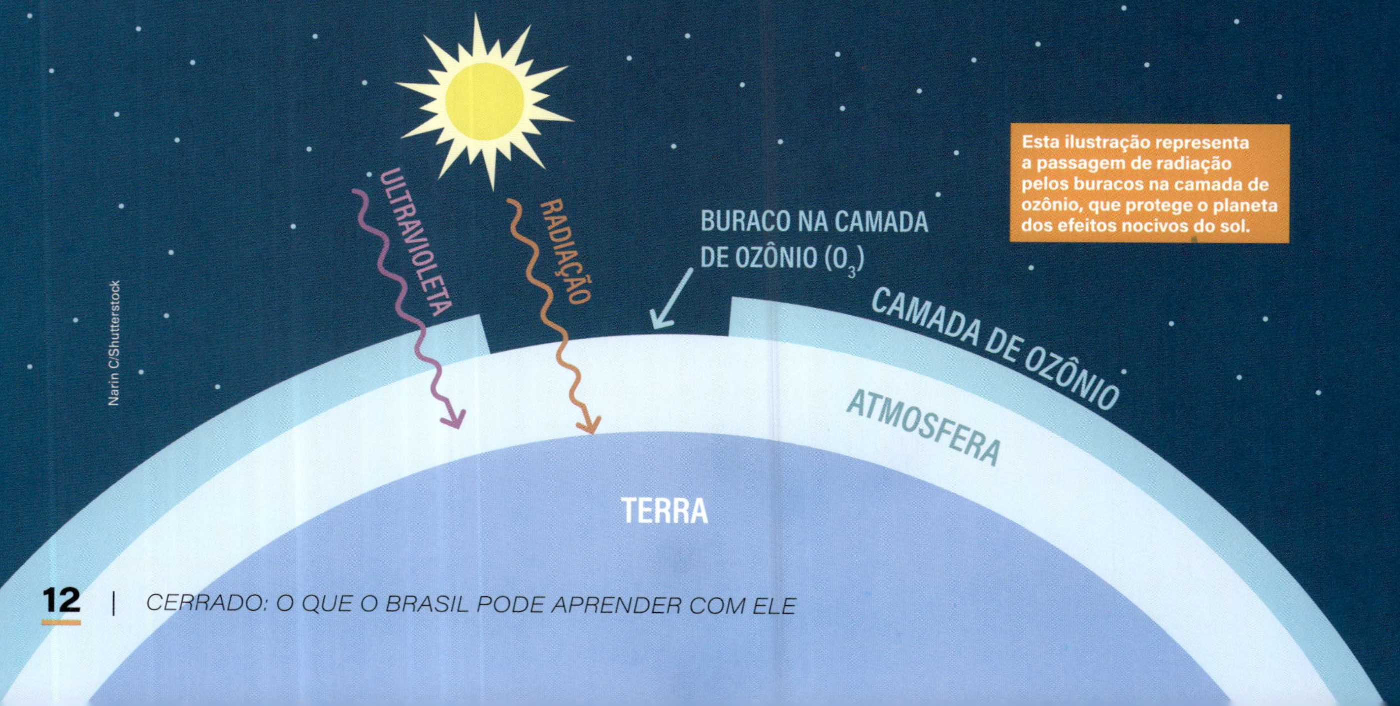

Esta ilustração representa a passagem de radiação pelos buracos na camada de ozônio, que protege o planeta dos efeitos nocivos do sol.

OS **CERRADOS** SÃO ÚNICOS

Luciano Queiroz/Pulsar Imagens

O Cerrado, diferentemente de outros tipos de savana, é mais diversificado em espécies vegetais, com adaptação a um clima sazonal e solo ácido, abrigando uma rica biodiversidade. Na foto, área de cerrado em Mateiro (TO), 2019.

Os sistemas naturais são todos muito semelhantes em seu funcionamento, mas, por outro lado, são bem diferentes, dada a variação climática no planeta. Eles são únicos na composição das espécies que deles fazem parte e nas relações com o lugar onde se encontram. Desse modo, temos tipos de paisagem que mudam à medida que avançamos do meio do planeta (a linha do equador) até os polos Sul ou Norte. Essas paisagens respondem à variação da temperatura e da umidade. Por outro lado, tipos de paisagem similares podem ser encontrados em toda a extensão do planeta, a leste e a oeste, desde que estejam na mesma faixa de temperatura e umidade. Assim, encontramos no mundo diversos biomas como as florestas tropicais, as florestas temperadas, a tundra, os desertos, as estepes, as savanas, entre outros.

Chamamos de biomas essas vastas extensões de terra com certa uniformidade de paisagem, clima e ocorrência de espécies. Podemos usar o termo de duas formas: o "bioma tipo", para falar de tipos de paisagem que se repetem no mundo, e o "bioma subcontinental", para falar da ocorrência de um bioma tipo em determinado continente ou região.

Um exemplo é a savana, que pode ser entendida como um bioma tipo, caracterizado por paisagens abertas, com árvores espaçadas e espalhadas por extensos campos compostos de gramíneas. As savanas têm um tipo de clima com duas estações bem definidas, a seca e a chuvosa, e são encontradas na mesma faixa de latitude na África, na América do Sul e na Oceania. No Brasil, o bioma subcontinental do tipo savana é o Cerrado.

Elina Litovkina/Shutterstock

A savana africana, apesar das semelhanças com o Cerrado, é caracterizada por extensas planícies gramadas e pela presença de grandes animais herbívoros e predadores. Na foto, paisagem do Quênia, país situado na região oriental do continente africano.

O Cerrado é um mosaico de tipos de vegetação diferentes, que variam de campos uniformes (o campo limpo) até florestas úmidas (as matas de galeria e as matas ciliares), passando por formações tipicamente savânicas, que chamamos de cerrado típico. Cada um desses tipos de vegetação abriga um conjunto diferente de espécies de plantas e animais, assim como se desenvolve sob diversos tipos de solo, com lençóis freáticos em diferentes profundidades. Assim, as veredas e os campos úmidos são alagadiços; as matas de galeria e matas ciliares circundam riachos e rios; o campo limpo e o campo sujo situam-se geralmente sobre solos rasos, nos quais a superfície está próxima à rocha-mãe que os gerou; já o cerrado típico, o cerradão e a mata seca crescem sobre solos mais profundos e mais ricos em nutrientes. Nas chapadas e em altitudes mais elevadas, o Cerrado ocorre em meio a afloramentos de rochas, em formações que chamamos de "campos rupestres".

Como toda savana, o Cerrado apresenta duas estações bem definidas, uma de seca e outra de chuvas, e tem relações históricas e evolutivas com o fogo, tendo desenvolvido sistemas de resistência ao calor das chamas, como em certas sementes e cascas grossas comuns a muitas árvores, e outros de resiliência às queimadas, ou seja, grande capacidade de rebrota e recuperação após a passagem do fogo.

O Cerrado ocupa mais de 2 milhões de quilômetros quadrados, quase um quarto do território brasileiro, em altitudes diferentes e fazendo fronteira com diversos outros biomas, como a Floresta Amazônica, a Caatinga, a Mata Atlântica, o Pantanal e os Chacos (vegetação típica da Bolívia, do Paraguai e do norte da Argentina). Assim, a região perto desses biomas (zonas de transição) traz um tipo diferente de Cerrado, o que aumenta ainda mais sua diversidade de espécies e torna única cada parte do bioma. Se observar o Cerrado, valorize-o e lembre-se de que o que você vê é, no fundo, diferente do que poderia estar vendo em outro lugar desse bioma.

ÁREA DE ABRANGÊNCIA DO BIOMA CERRADO

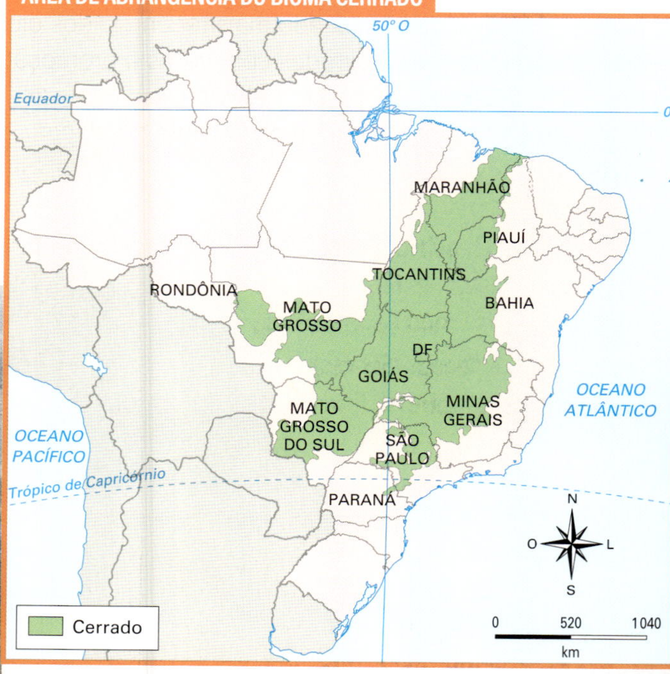

Banco de imagens/Arquivo da editora

Fonte: IBGE. Disponível em: geoftp.ibge.gov.br/atlas/nacional/atlas_nacional_do_brasil_2010/2_territorio_e_meio_ambiente/atlas_nacional_do_brasil_2010_pagina_89_biomas.pdf. Acesso em: 22 jan. 2019.

Andre Dib/Pulsar Imagens

Brigadista do Ibama aplica técnica de aceiro negro, que visa evitar a propagação de incêndios no Parque Nacional da Chapada dos Veadeiros (Alto Paraíso de Goiás - GO, 2022).

ThomasLENNE/Shutterstock

Reprodução/ONU

PENSAR GLOBALMENTE, AGIR LOCALMENTE

A Organização das Nações Unidas (ONU) foi fundada em 1945, após a Segunda Guerra Mundial, com o objetivo de promover a cooperação internacional em diversos setores das atividades humanas. Em 2015, durante a Cúpula das Nações Unidas sobre o Desenvolvimento Sustentável, a ONU lançou a Agenda 2030, uma proposta de unir os países para termos um mundo mais sustentável. Nessa agenda, foram propostos Dezessete Objetivos do Desenvolvimento Sustentável, conhecidos pela sigla ODS*.

A cada ano, os ODS vêm sendo mais reconhecidos globalmente como referências para o trabalho de países, organizações e cidades com vistas à promoção da sustentabilidade. Cada um deles apresenta metas a serem cumpridas pelos países. Essas metas também são indicações de ações que podem e precisam acontecer em cada canto do planeta, como no caso do Cerrado.

Neste livro, trataremos dos dezessete ODS a partir dos temas debatidos em cada unidade. Nesta unidade, vamos falar de três deles. Que tal descobrir como esses ODS estão sendo tratados?

Reprodução/ONU

* Fonte: Nações Unidas Brasil. Objetivos de Desenvolvimento Sustentável. Disponível em: https://brasil.un.org/pt-br/sdgs. Acesso em: 20 jul. 2023.

6º ODS – Água potável e saneamento

Reprodução/ONU

Como vimos, a água é um bem fundamental para a vida, mas não é igualmente acessada por todos no planeta. Muitas pessoas não têm acesso à água potável ou ao tratamento adequado de esgoto, serviços que recebem o nome de "saneamento". A inadequação do saneamento leva às desigualdades, aos problemas de saúde e a uma série de questões ambientais causadas pela poluição das fontes de água. As regiões Centro-Oeste, Nordeste e Norte apresentam índices de saneamento menores do que os das regiões Sul e Sudeste, e, por isso, este é um tema muito importante para o cuidado com as águas do Cerrado e com a saúde de sua população.

Portanto, o sexto ODS propõe *assegurar a disponibilidade e gestão sustentável da água e saneamento para todas e todos*.

Esse ODS pode ser atingido se promovermos o acesso a saneamento e higiene adequados e equitativos para todos, eliminando os esgotos a céu aberto, com especial atenção para as pessoas sem acesso ao tratamento e à despoluição da água e aquelas em situação de vulnerabilidade socioeconômica. É preciso também melhorar a qualidade da água, reduzindo a poluição, eliminando o despejo e a liberação de produtos químicos e materiais perigosos. A eficiência do uso da água e a redução do desperdício precisam melhorar em todos os setores, em casa, nas escolas, nas indústrias e no campo. Sobretudo, precisamos proteger e restaurar os ecossistemas relacionados com a água, como as veredas, matas de galeria e ciliares do Cerrado.

7º ODS – Energia limpa e acessível

Reprodução/ONU

Vimos que os sistemas naturais funcionam a partir da energia do Sol. Já os sistemas criados pelos seres humanos, como cidades, parques industriais e agrossistemas, utilizam diversas fontes de energia para funcionar, como aquela obtida dos derivados do petróleo (gasolina, querosene, óleo *diesel*). Assim como o carvão mineral, o petróleo é um recurso não renovável, pois sua produção é feita no subsolo, a partir da decomposição de organismos mortos, em um processo tão lento que não permite que seja reposto pela natureza após seu consumo.

Em contrapartida, a energia renovável é aquela cuja fonte é contínua e, portanto, pode ser reposta após o consumo. As principais formas de energia renovável são a energia solar (do Sol), eólica (dos ventos), hídrica (dos rios), biomassa (da matéria orgânica), geotérmica (do interior da Terra) e oceânica (das ondas). Essas fontes são também menos poluentes e, por isso, chamadas de energias limpas.

Assim como no caso da água, o acesso à energia é bastante desigual entre as pessoas, e as diversas fontes usadas pela humanidade resultam em impactos ambientais diferentes, sendo alguns muito graves. Esse ODS visa *assegurar o acesso confiável, sustentável, moderno e a preço acessível à energia para todas e todos*.

Para que esse ODS seja atingido, é preciso aumentar substancialmente a participação das energias renováveis na matriz energética global, expandindo a infraestrutura e aperfeiçoando a tecnologia para o fornecimento de serviços de energia modernos e sustentáveis para todos, sobretudo nos países em desenvolvimento, como o Brasil, e ainda com mais atenção a determinadas comunidades nesses países, como as do Cerrado.

Diyana Dimitrova/Shutterstock

O uso da energia solar é uma opção sustentável e renovável que contribui para a redução dos impactos das mudanças climáticas.

Reprodução/ONU

13º ODS – Ação contra a mudança global do clima

Vimos que o equilíbrio do nosso planeta é muito frágil e que a atmosfera desempenha um papel fundamental no controle da entrada de raios solares. Ocorre que o excesso de emissão de gases pelas ações humanas tem comprometido a qualidade da atmosfera. Esses gases podem ser classificados em dois grupos principais: os gases que destroem a camada de ozônio, principalmente os gases CFC (clorofluorcarbonos), que, apesar de serem proibidos no Brasil desde 2007, ainda são utilizados em muitas partes do mundo, e os gases de efeito estufa (GEE), sendo o principal deles o dióxido de carbono (CO_2) produzido, por exemplo, na queima de combustíveis fósseis e nos incêndios florestais.

O excesso desses gases liberados pelas atividades humanas tem aumentado o efeito estufa que a atmosfera desempenha, levando a um aumento significativo na temperatura média do planeta e, daí, a consequências graves para a vida como a conhecemos, com o derretimento de geleiras e alterações climáticas nos níveis da temperatura e no regime de chuvas. Os impactos serão sentidos nos ambientes naturais, mas também por toda a humanidade. Por exemplo, a redução das chuvas no Cerrado pode reduzir drasticamente a produção agrícola de grãos, como soja e milho, impactando seriamente a economia na região.

Para conter esse processo, além de reduzir drasticamente a emissão desses gases, é preciso aumentar a velocidade da retirada do CO_2 da atmosfera, em um processo que tem sido chamado de "sequestro de carbono". Os principais seres capazes de reduzir a taxa de CO_2 da atmosfera são as plantas, que o utilizam durante a fotossíntese, ao mesmo tempo que liberam oxigênio. Daí que as ações fundamentais para reduzir o efeito estufa são a preservação dos oceanos (já que as algas são as plantas com maior capacidade fotossintética) e das áreas nativas terrestres, assim como o plantio de árvores e a recuperação da vegetação nativa. Resumindo, precisamos preservar a vegetação nativa que ainda temos e recuperar parte do que foi destruído.

Na verdade, não se trata de uma ameaça ao futuro: o planeta e os seres humanos já estão sentindo os efeitos desse problema. Por isso, esse ODS propõe *a tomada de medidas urgentes para combater a mudança climática e seus impactos*.

Para que esse ODS seja atingido, é preciso integrar medidas contrárias à mudança do clima nas políticas, nas estratégias e nos planejamentos nacionais (o que inclui as regiões e os municípios) e melhorar a educação, aumentando a conscientização sobre esse problema.

DimaBerlin/Shutterstock

É essencial adotar medidas para reduzir emissões de poluentes na atmosfera e promover práticas mais sustentáveis em todos os setores de produção.

UNIDADE 2

A VIDA NAS PAISAGENS NATURAIS, RURAIS E URBANAS

Amorn Suriyan/Shutterstock

A MÁGICA DA VIDA

Já parou para ver uma formiga, ou uma trilha delas, e imaginou onde seria o final do trajeto? Ou ficou bem quieto para observar algum pássaro em uma árvore manipular um inseto ou um fruto para comer? Ou, ainda, se deitou ao pé de uma grande árvore, para olhar para os galhos lá no alto, e pensou em como a água capturada no solo, pelas raízes, pode se locomover por dentro daquela planta até chegar às folhas, nas pontas dos galhos?

As crianças são naturalmente curiosas e se deslumbram com cada descoberta que fazem. Quando crescemos, parece que nossa atenção é tomada por tantos outros interesses — sobretudo, aqueles possibilitados pela tecnologia, com a tela do celular — e acabamos nos desconectando do mundo real e natural. Recuperar essa capacidade de observação do mundo é fundamental para valorizarmos a vida em suas manifestações tão extraordinárias.

As cores e a leveza das aves, a transformação das lagartas em borboletas, a incrível diversidade das flores e o sabor dos frutos estão entre as tantas maravilhas da natureza que foram por muito tempo consideradas pela humanidade, nas mais variadas culturas, presentes de divindades para os seres humanos. Apesar de muitos filósofos e cientistas questionarem essa ideia no decorrer dos séculos, foi apenas no século XIX que os naturalistas britânicos Charles Darwin e Alfred Wallace propuseram uma explicação, que vigora até os dias atuais e que a cada dia é confirmada e reforçada pelos cientistas: a teoria da evolução das espécies.

Todas as criaturas vivas evoluíram em um dado contexto, ou seja, no oceano, na água doce ou em um bioma terrestre, como é o caso do Cerrado. Algumas evoluíram em ambientes extremos, como as profundezas dos oceanos, os polos gelados ou as cavernas, o que possibilitou que a vida se manifestasse em formas das mais impressionantes, como águas-vivas bioluminescentes, pinguins ou peixes cegos. Em ambientes menos inóspitos, o processo evolutivo proporcionou o surgimento de espécies tão comuns como o saruê ou gambá, que se alimentam de itens animais e vegetais variados, até outras superespecializadas, como o tamanduá-bandeira, equipado para romper cupinzeiros e formigueiros com suas garras e capturar grandes quantidades de cupins e formigas com sua longa língua, dependendo disso para sobreviver.

O processo evolutivo leva um tempo muito longo e necessita de muitíssimas gerações para que novas características surjam e se estabeleçam. A evolução funciona basicamente a partir de dois mecanismos: as mutações, que alteram aspectos dos seres vivos de modo aleatório, e a seleção natural desses novos aspectos, que, quando melhoram a capacidade de sobrevivência e reprodução dos indivíduos, tendem a ser passados para sua descendência. Porém, quando prejudicam a vida do indivíduo, tendem a provocar sua eliminação. O fato principal é que as espécies não evoluem na direção que "querem", e as características não surgem porque são úteis ou necessárias. A variação individual faz parte dos seres vivos, e são as condições do ambiente que selecionam as características responsáveis por tornar os indivíduos mais capazes.

Everett Collection/Shutterstock

Charles Darwin (1809-1882) foi naturalista e autor do livro *A origem das espécies*, em que defendia a teoria da seleção natural, ou seja, que o ambiente "selecionava" as espécies que melhor se adaptavam a ele.

Universal History Archive/Universal Images Group/Getty Images

Alfred Wallace (1823-1913) foi um naturalista britânico que também defendia a teoria da seleção natural. Parte de suas pesquisas foi feita na Amazônia.

Ao controlar as populações de formigas e cupins, o tamanduá-bandeira (*Myrmecophaga tridactyla*) ajuda a evitar que o excesso desses insetos cause desequilíbrio nos ecossistemas.

Reprodução/Acervo do autor

Isso explica por que a mudança abrupta do ambiente pode impossibilitar a sobrevivência de muitas espécies, já que não terão tempo suficiente para se adaptar às novas condições. É assim que se explica, por exemplo, a extinção dos dinossauros, que, após dominarem o planeta por milhões de anos, não resistiram (nem puderam se adaptar) às mudanças climáticas provocadas pelo choque de um enorme asteroide contra a superfície da Terra. Portanto, quando uma espécie é extinta, perde-se ali uma história longuíssima e única, impossível de ser reconstruída, assim como o papel que ela desempenhava nos sistemas naturais (como predadora e presa), que pode ou não ser desempenhado por outra espécie.

Os fósseis são restos de seres vivos que foram mineralizados nas rochas. Eles contam parte dessa história, ajudando a ciência a desvendar enigmas desse incrível processo evolutivo das espécies. São os fósseis que nos dizem que grandes animais, como as preguiças-gigantes, perambularam pelo Cerrado, possivelmente comendo frutos como o jatobá, a faveira (ou fava-de-anta) e a lobeira. Com a extinção desses animais há cerca de 10 mil anos, outras espécies, como o lobo-guará e a anta, passaram a se alimentar desses frutos, ajudando, ao mesmo tempo, a reprodução dessas plantas, pois espalham suas sementes ao defecá-las por onde passam. Apesar de esses animais terem assumido parte das funções desempenhadas pelas preguiças-gigantes, nenhum animal vivente substituirá a maravilha da existência daqueles bichos colossais cruzando os Cerrados brasileiros.

NA PRÓXIMA VEZ que observar qualquer animal ou planta, imagine como podem ter sido seus antepassados e o processo de milhões de anos que ocorreu na natureza para que aquela espécie tomasse aquela forma.

Reprodução/Acervo do autor

O fruto da lobeira (*Solanum lycocarpum*) pode ser usado tanto para tratar doenças quanto na alimentação.

Alex Satsukawa/Shutterstock

O lobo-guará (*Chrysocyon brachyurus*), animal símbolo do Cerrado, é o maior canídeo da América do Sul.

Hillebrand Breuker/iStockphoto/Getty Images

A anta (*Tapirus terrestris*), espécie ameaçada de extinção, é muito importante para a conservação de ecossistemas, pois ajuda a dispersão de sementes e o equilíbrio ecológico.

Reprodução/Acervo do autor

Devido à sua alta fixação de nitrogênio no solo, a faveira (*Dimorphandra mollis*) é uma espécie que favorece a recuperação de áreas degradadas.

O CERRADO ENTRE NÓS

O canário-da-terra (*Sicalis flaveola*) é uma espécie comum, que pode ser encontrada em todo o Brasil. Ele é um dos predadores dos insetos, controlando, assim, suas populações.

Reprodução/Acervo do autor

O Cerrado é a savana com maior biodiversidade do mundo. São mais de 13 mil espécies de árvores, arbustos, ervas, gramíneas e trepadeiras. Entre os animais invertebrados, estima-se a existência de 67 mil espécies, o equivalente a 20% de todas as espécies de invertebrados do Brasil. Vivem no Cerrado 20% das espécies de abelhas e formigas do Brasil e mais de 50% das espécies de borboletas e mariposas. O quadro a seguir mostra a riqueza das espécies de animais vertebrados.

Número conhecido de espécies de animais vertebrados na região do Cerrado

Grupos	Número de espécies	Porcentagem do total no país	Número de espécies endêmicas*	Número de espécies ameaçadas de extinção
Mamíferos	215	40%	18	16
Aves	856	50%	29	33
Répteis	278	38%	20	15
Anfíbios	209	29%	32	3
Peixes	1.200	45%	350	?

* "Espécie endêmica" é aquela que tem sua ocorrência restrita a determinado local, existindo apenas naquele lugar – nesse caso, a região do Cerrado.

Fonte: Embrapa. Contando Ciência: Bioma Cerrado. Disponível em: https://www.embrapa.br/contando-ciencia/bioma-cerrado. Acesso em: 9 ago. 2023.
Embrapa. Biodiversidade no Bioma Cerrado. Agência de Informação Tecnológica. Disponível em: https://www.embrapa.br/agencia-de-informacao-tecnologica/tematicas/bioma-cerrado/biodiversidade. Acesso em: 9 ago. 2023.

Animais e plantas muito especializados para modos de vida mais restritos tendem a ser mais raros e, portanto, mais sensíveis e sujeitos à extinção caso as condições do ambiente sejam alteradas de uma hora para outra. As espécies mais generalistas, ou seja, que convivem com maiores variações de umidade, temperatura, luminosidade, dieta, além de poluição sonora ou do ar, tendem a ser mais comuns e ocorrer em ambientes diversos e, por isso, são menos ameaçadas de extinção.

Assim, aves como carcarás, alguns periquitos, coruja-buraqueira, canário-da-terra e joão-de-barro são vistas com frequência no meio rural e mesmo nas cidades. Quem não encontrou os incríveis ninhos do joão-de-barro construídos nos locais mais inusitados, como postes e casas? Mesmo animais grandes, como as capivaras, podem ser vistos nas cidades onde quer que haja algum curso de água ou lago. No caso das plantas, é comum encontrar em pequenos remanescentes de Cerrado — nos quintais das propriedades rurais ou nas cidades — flores como a caliandra e a quaresmeira, arbustos como a lobeira, as patas-de-vaca e o jacarandá-do-cerrado, e até, eventualmente, árvores como a sucupira e o pequizeiro.

As quaresmeiras (*Tibouchina granulosa*) são plantas tropicais apreciadas por suas vistosas flores e por contribuírem para a biodiversidade local.

Reprodução/Acervo do autor

Em contrapartida, existem animais que serão encontrados somente em lugares mais preservados, como o macaco bugio, o tamanduá-bandeira e o tamanduá-mirim, o tatu-canastra, o ouriço-cacheiro e pássaros como o soldadinho e o gavião-caboclo, assim como a maior parte das espécies de sapos, lagartos e serpentes. No caso das plantas, mesmo as famosas, como o capim-dourado e o palipalan (chuveirinho), estão restritas aos campos úmidos e às veredas, assim como diversas espécies de orquídeas e o próprio buriti, palmeira símbolo do Cerrado. A arnica só ocorre em algumas áreas de campo rupestre, e o baru, muito conhecido por sua castanha, é uma árvore que não é uniformemente distribuída pela área de ocorrência do Cerrado, simplesmente não existindo em boa parte dele.

O fato é que a transformação das paisagens do Cerrado interfere, e muito, na vida das espécies nativas, que sempre vão existir em maior quantidade e diversidade nos ambientes naturais conservados. Contudo, as espécies lutam pela sobrevivência da forma que podem.

Assim, quando algumas áreas são conservadas, entremeadas às cidades e propriedades rurais, o nosso convívio com as espécies do Cerrado mostra-se totalmente possível. Em Brasília, por exemplo, mesmo no Plano Piloto, que é o centro do Distrito Federal, tem-se observado esse fenômeno. Com grande quantidade de árvores que se misturam aos prédios, limitados à altura de seis andares, é relativamente comum observar micos-estrelas, curicacas, tucanos e até araras-canindés nas zonas residenciais. Graças à existência de reservas de porte considerável nas imediações urbanas, como o Parque Nacional de Brasília (de 30 mil hectares) e a Estação Ecológica de Águas Emendadas (de 10 mil hectares), as câmeras de segurança têm registrado imagens de passeios noturnos de lobos-guarás, antas e até suçuaranas pela cidade!

Na zona rural, esses encontros são ainda mais frequentes. No sul de Minas Gerais, na região da Serra da Canastra, é comum as pessoas cruzarem com seriemas, tamanduás-bandeiras ou veados-catingueiros em suas propriedades e perto de suas casas. Por vezes, esse convívio pode gerar desgastes, como quando lobos-guarás, raposas, cachorros-do-mato ou outros animais atacam as criações de galinhas. Mas não há nada que não possa ser resolvido quando há boa vontade. No caso da Canastra, foi demonstrado que, se as galinhas forem presas em um galinheiro durante a noite, a segurança delas fica garantida. Para casos mais complexos, como ataques de onças às criações de gado, existem grupos especializados para orientar formas de manejo das criações e outras providências para manter as onças afastadas e reduzir os prejuízos.

Reprodução/Acervo do autor

A arnica-do-cerrado (*Lychnophora ericoides*) é muito conhecida por suas propriedades medicinais, usadas para tratar feridas e dores.

Olga Gauri/Shutterstock

A arara-canindé (*Ara ararauna*) pode ser encontrada em diversos biomas, como o Cerrado. Infelizmente, devido ao desmatamento, ela está ameaçada de extinção.

Reprodução/Acervo do autor

O galinheiro pode proteger as aves dos principais predadores do Cerrado.

Reprodução/Acervo do autor

O palipalan (*Paepalanthus chiquitensis*) é uma importante fonte de renda para comunidades do Cerrado, que usam suas flores para produzir peças artesanais.

CONVIVER COM A **NATUREZA** É BOM E *NECESSÁRIO*

Reprodução/Acervo do autor

O Parque Nacional de Yellowstone, nos Estados Unidos, foi criado em 1872 e é um marco no modelo de proteção de áreas para a conservação da natureza. A ideia principal de uma área protegida é impedir que atividades prejudiciais ao meio ambiente sejam ali desenvolvidas. Em geral, são grandes áreas cercadas e monitoradas a fim de que não ocorram incêndios descontrolados nem sejam realizadas caçadas ou coletas de plantas ou minérios de qualquer tipo. A entrada é controlada e restrita a pesquisadores e turistas, com acesso a apenas algumas partes, de modo que a fauna, a flora, as nascentes, os cursos de água e os monumentos naturais, como as cavernas, fiquem protegidos da atividade humana o máximo possível.

O primeiro parque nacional brasileiro foi o Itatiaia, criado em 1937 na Serra da Mantiqueira, entre os estados do Rio de Janeiro e de Minas Gerais. No Cerrado, o parque nacional mais antigo é o do Araguaia, criado em 1959 para proteger a Ilha do Bananal, no estado do Tocantins. Outro parque nacional de destaque no bioma é da Serra da Canastra, criado em 1972. Há outros tipos de área protegida, denominados unidades de conservação e que podem ter restrições de uso diversificadas, sendo algumas de acesso mais controlado, como parques, reservas biológicas e estações ecológicas; outras permitem a presença humana e determinadas atividades econômicas, como as reservas extrativistas, as florestas nacionais e as áreas de proteção ambiental (APA). A gestão dessas áreas pode ser federal, estadual ou municipal, ou seja, de responsabilidade do governo federal, dos governos estaduais ou das prefeituras.

A Serra da Canastra é um dos principais pontos turísticos do Cerrado. É o lar do Parque Nacional e da nascente do rio São Francisco, que compõe uma das bacias hidrográficas mais importantes do Brasil.

O Cerrado tem cerca de 283 áreas protegidas, o que equivale a 8,3% de sua área total. Algumas das mais conhecidas unidades de conservação do Cerrado são: os parques nacionais das Emas (GO), da Chapada dos Veadeiros (GO), de Brasília (DF), do Grande Sertão Veredas (MG), da Serra da Canastra (MG), do Araguaia (TO), da Chapada Diamantina (BA), da Serra da Bodoquena (MS), da Chapada dos Guimarães (MT) e de Sete Cidades (PI); os parques estaduais do Jalapão (TO) e de Terra Ronca (GO), e as estações ecológicas de Águas Emendadas (DF) e de Itirapina (SP), entre muitas outras.

Existem também áreas protegidas particulares, chamadas "reservas particulares do patrimônio natural" (RPPN), que são legalizadas junto aos órgãos ambientais e têm contribuído bastante para a conservação do Cerrado.

Se é verdadeiro que as áreas protegidas têm grande importância para a conservação da natureza, também é verdade que não podemos separar a natureza dos seres humanos, protegendo alguns espaços como se fossem intocados pela humanidade e relegando outros à total destruição. É possível, e mesmo essencial, que consigamos conciliar nossa presença com um convívio harmônico com a natureza — afinal, somos parte dela.

Pensando assim, fica claro que as cidades precisam ser bem arborizadas, de preferência com uso de espécies nativas, ou, ainda, mantendo preservadas árvores e porções do Cerrado que já existem. Isso é especialmente fundamental nas margens dos cursos de água que cortam as nossas cidades. Essa mata de galeria precisa ser preservada e, quando necessário, recuperada, tanto para dar condições de vida para a fauna quanto para manter a qualidade da água, contendo o solo da margem e impedindo que ele deslize para o leito dos rios e riachos, em um processo que é chamado de assoreamento.

A mesma ideia se aplica ao meio rural. Os cursos de água precisam das matas para protegê-los, e o Cerrado precisa continuar a existir, ainda que em fragmentos combinados com os plantios. Essa paisagem mais diversificada, manchada de plantios e Cerrado nativo, possibilita a manutenção de muitas espécies que podem se locomover de um fragmento a outro, deixando o ambiente rural mais biodiverso, mas também trazendo uma série de benefícios para o sistema como um todo, como veremos nas unidades a seguir.

A necessidade de manter áreas nativas nas propriedades rurais já é prevista na legislação, como é o caso do Código Florestal Brasileiro (lei nº 12.651/12). Essa lei define a necessidade de que uma porcentagem da área total do imóvel seja preservada, constituindo o que se chama de "reserva legal", que, no caso do Cerrado, equivale a 20% da propriedade. Além da reserva legal, são protegidas por lei as chamadas "áreas de preservação permanente" (APP), que incluem nascentes, florestas e outras áreas úmidas, além de trechos com grande declividade, como os morros. O principal objetivo das APP é controlar a erosão do solo, o assoreamento e a poluição dos cursos de água.

NA PRÓXIMA VEZ que encontrar um fragmento, ou mesmo uma única árvore, do Cerrado na cidade ou no meio rural, lembre-se da importância dela para a fauna que está de passagem para algum outro fragmento. Do mesmo modo, quando se deparar com um animal silvestre na cidade ou no meio rural, considere que o mais provável é que ele esteja de passagem para algum local onde possa se alimentar e encontrar abrigo adequado.

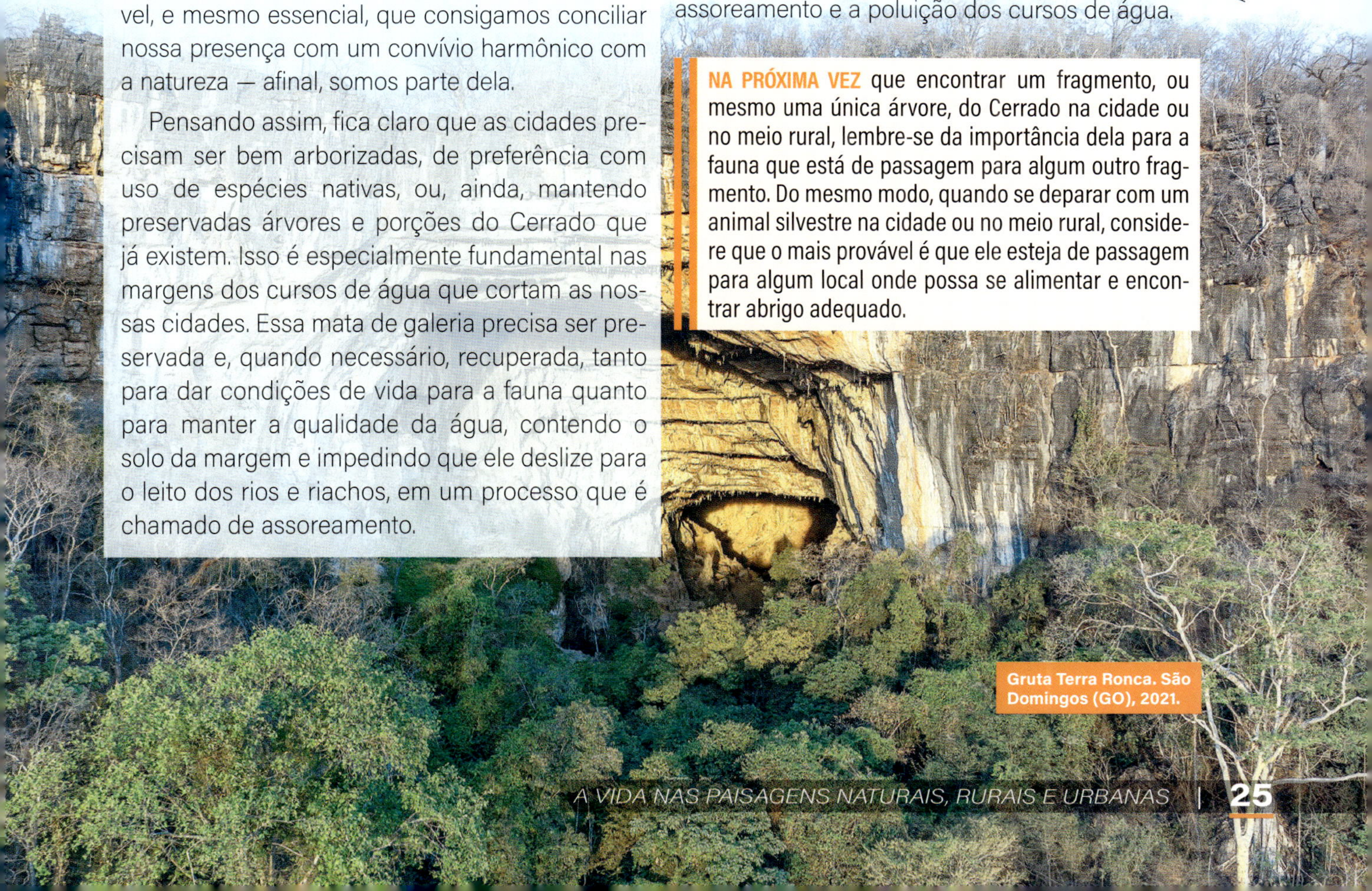

Andre Dib/Pulsar Imagens

Gruta Terra Ronca. São Domingos (GO), 2021.

PENSAR GLOBALMENTE, AGIR LOCALMENTE

Reprodução/ONU

Assim como na Unidade 1, seguimos aqui discutindo as propostas da ONU para que o mundo seja mais sustentável. Veremos, a seguir, mais três ODS.

11º ODS – Cidades e comunidades sustentáveis

Reprodução/ONU

Vimos que tanto o meio rural quanto o urbano podem e devem buscar a manutenção de áreas nativas, bem como a regeneração de áreas degradadas. Isso não é bom apenas para o Cerrado e suas espécies nativas, mas também para a qualidade da vida humana em todos os sentidos. Infelizmente, não é o que ocorre, e há muitas pessoas vivendo em condições bastante precárias, em situações verdadeiramente insustentáveis para os seres humanos e para o ambiente, em muitas localidades do Cerrado, na zona urbana e na rural.

Esse ODS trata de *tornar as cidades e os assentamentos humanos inclusivos, seguros, resilientes e sustentáveis*, e isso pode ser feito a partir da garantia do acesso de todos a uma habitação segura, adequada e a preço acessível, com assistência técnica e financeira para construções sustentáveis, que utilizam materiais locais. Também é importante reduzir o impacto ambiental negativo das cidades, prestando especial atenção à qualidade do ar e à gestão de resíduos municipais.

14º ODS – Vida na água

Reprodução/ONU

Esse ODS trata da *conservação e uso sustentável dos oceanos, dos mares e dos recursos marinhos para o desenvolvimento sustentável.* Trata-se de um tema que pode parecer não relacionado ao Cerrado. Mas, como vimos, o clima na América do Sul (principalmente as chuvas que caem sobre o Cerrado) está fortemente influenciado pelos rios voadores, provenientes da evaporação do oceano Atlântico, que, depois, são impulsionados pela transpiração da Floresta Amazônica na direção sudeste do continente. As coisas no planeta são, portanto, muito mais interligadas do que podem parecer.

Assim, a qualidade dos oceanos importa e tem grande influência sobre os biomas terrestres, mesmo aqueles afastados do litoral, como é o caso do Cerrado.

Manter a qualidade da vida na água significa reduzir a poluição marinha de todos os tipos, proteger e restaurar os ecossistemas marinhos e costeiros, permitindo o acesso dos pescadores artesanais de pequena escala aos recursos marinhos e mercados.

Chuva na chapada dos Guimarães (MT).

JC Patricio/Moment/Getty Images

Reprodução/ONU

15º ODS – Vida terrestre

Esse é um dos ODS mais obviamente relacionados à conservação do Cerrado (e dos demais biomas terrestres), pois visa *proteger, recuperar e promover o uso sustentável dos ecossistemas terrestres, gerir de forma sustentável as florestas, combater a desertificação, deter e reverter a degradação da terra e deter a perda de biodiversidade.*

Veja em detalhe cinco das metas propostas nesse ODS e procure saber o que está sendo feito para que elas sejam atingidas:

1 - assegurar a conservação, a recuperação e o uso sustentável de ecossistemas terrestres e de água doce interiores e seus serviços, em especial florestas, zonas úmidas, montanhas e terras áridas;

2 - promover a implementação da gestão sustentável de todos os tipos de floresta, deter o desmatamento, restaurar florestas degradadas e aumentar substancialmente o florestamento e o reflorestamento;

3 - combater a desertificação, restaurar a terra e o solo degradados e lutar para alcançar um mundo neutro em termos de degradação do solo;

4 - tomar medidas urgentes para acabar com a caça ilegal e o tráfico de espécies da flora e da fauna protegidas; no Cerrado, as principais vítimas da caça são as onças, e do tráfico, as orquídeas e diversas aves, principalmente pássaros e papagaios;

5 - implementar medidas para evitar a introdução e reduzir significativamente o impacto de espécies exóticas invasoras em ecossistemas terrestres e aquáticos; no Cerrado, as espécies invasoras mais perigosas são as gramíneas africanas, como o capim-gordura e a braquiária, os javalis e os cães asselvajados.

Vista panorâmica de Cavalcante (GO).

Reprodução/Acervo do autor

UNIDADE 3

NOSSOS MODOS DE VIVER

bapt.js/Shutterstock

A proximidade evolutiva entre os seres humanos e os outros animais nos ensina a importância da preservação das espécies.

O ANIMAL **HUMANO**

Até aqui, falamos muito dos sistemas naturais e das espécies animais e vegetais, mas e quanto à nossa espécie? Qual é a nossa história e nossa capacidade de intervenção no planeta? A propósito, não se ofenda com o título: "animal" não é nenhum palavrão — até porque os animais são todos seres incríveis e merecedores da nossa admiração e respeito. Como sabemos, neste planeta as formas de vida não microscópicas consistem, principalmente, em dois grandes reinos: o das plantas e o dos animais. Definitivamente, não estamos no primeiro, já que, para obter energia, precisamos nos alimentar de outros animais e plantas.

Na verdade, o que nos coloca no reino animal — e, dentro dele, no grupo dos mamíferos primatas — é muito mais que isso. Nossa aparência externa (sem roupas, joias, perfumes e outros adereços, é claro), órgãos internos, modo de reprodução, desenvolvimento dos filhotes e até muitos comportamentos denunciam nosso parentesco evolutivo com outras espécies animais.

Algumas semelhanças observáveis foram notadas pela ciência (e pelas pessoas de modo geral) ao longo do tempo. Darwin e Wallace, sem dúvida, as utilizaram nas suas formulações sobre a origem e a evolução das espécies. Mas o conhecimento a respeito do mecanismo que possibilita que essas características passem de geração em geração — ou seja, a hereditariedade e a existência de um código genético que armazena as informações de todas as características dos organismos — começou a se organizar a partir dos estudos do austríaco Gregor Mendel, publicados em 1866. Apenas em 1953 os cientistas Francis Crick, James Watson e Maurice Wilkins, no Reino Unido, propuseram a estrutura tridimensional em dupla hélice da molécula de DNA (ácido desoxirribonucleico), que armazena o código genético. A partir daí, os estudos foram avançando, a ponto de sabermos hoje que a espécie humana (*Homo sapiens*) compartilha 99,9% dos seus genes. Isso quer dizer que eu, você e qualquer outra pessoa no planeta temos 99,9% do DNA em comum. É esse 0,01% que traz as pequenas diferenças entre nós.

Análises genéticas tornaram-se cotidianas e são usadas para identificar indivíduos e seus graus de parentesco (inclusive os testes de paternidade), potenciais de desenvolvimento de doenças, como o câncer, entre outros aspectos da vida e da saúde das pessoas. E foi assim que descobrimos que as nossas semelhanças com os outros animais são muito maiores do que desconfiávamos. A porcentagem de genes que compartilhamos com outras espécies chega a 65% no caso da mosca-de-fruta, 89% no do camundongo e 99% no do chimpanzé. Quanto maior o número, mais próximo na história evolutiva está o ancestral comum entre os humanos e essa outra espécie.

Hulton Archive/Getty Images

Gregor Mendel (1822-1884), frade agostiniano da Igreja católica, biólogo, botânico e meteorologista austríaco.

Fox Photos/Hulton Archive/Getty Images

James Watson (1928-), biólogo molecular, geneticista e zoologista estadunidense.

PA Images/Getty Images

Francis Crick (1916-2004), biólogo molecular, biofísico e neurocientista britânico.

Central Press/Getty Images

Maurice Wilkins (1916-2004), biofísico neozelandês.

Os seres humanos são, portanto, de uma família de primatas da qual só existe hoje uma única espécie. Os demais membros dessa família, os chamados hominídeos, foram extintos, mas vêm sendo descritos por meio de achados fósseis. O exemplar de hominídeo mais famoso, e um dos mais antigos, é da espécie *Australopithecus afarensis*, tem 3,2 milhões de anos, mas foi descoberto apenas em 1974, na Etiópia, e batizado com o nome de Lucy. Inspirados nesse célebre fóssil, pesquisadores deram o nome de Luzia ao esqueleto de *Homo sapiens* mais antigo encontrado na América do Sul, com cerca de 13 mil anos. O esqueleto foi encontrado no início dos anos 1970, em escavações na Lapa Vermelha, uma gruta no município de Pedro Leopoldo (MG) — portanto, nos limites do Cerrado.

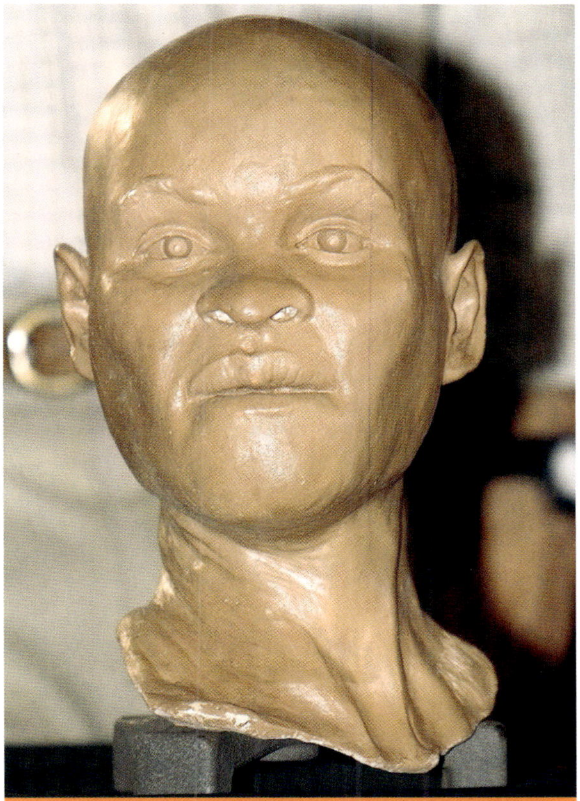

Antonio Scorza/AFP/Getty Images

A reconstituição do rosto de Luzia, a "primeira mulher brasileira", foi baseada em suposições científicas e características de grupos étnicos contemporâneos.

De fato, os seres humanos são primatas especiais e, atualmente, são os mais abundantes e disseminados no planeta. As principais características da nossa espécie são a postura e a locomoção sobre duas pernas, o que se chama bipedalismo, e um cérebro grande, proporcionalmente muito maior que o de qualquer outro primata, inclusive os das demais espécies de hominídeos que foram extintas. Isso nos permitiu o desenvolvimento de ferramentas, linguagens e culturas, que nos deram uma enorme capacidade de modificação do ambiente.

NA PRÓXIMA VEZ que observar um animal se locomovendo ou manipulando algum objeto, preste atenção nas semelhanças e diferenças entre ele e você.

Eric Isselee/Shutterstock

O chimpanzé-comum (*Pan troglodytes*) é o animal mais semelhante geneticamente ao ser humano.

A ECONOMIA DO AMBIENTE

Os primeiros hominídeos eram nômades, ou seja, vagavam pelo território em busca de comida. Mais tarde, elaboraram ferramentas rudimentares que aprimoraram seus métodos de caça. Muito tempo se passou até ocorrer o que se pode chamar de a primeira grande revolução tecnológica da humanidade: a descoberta de como usar as sementes para cultivar plantas. Essa chamada Revolução Agrícola modificou radicalmente a vida dos seres humanos e está associada a um período em que aconteceu o desenvolvimento da lavoura, da domesticação e criação de animais, da tecelagem e da cerâmica — atividades que levaram os grupos humanos a deixar a vida nômade e a se fixarem em territórios.

A EVOLUÇÃO DA AGRICULTURA

Período neolítico (a partir de 12-10 mil a.C.)

A Revolução Agrícola mudou significativamente a forma de vida de várias culturas humanas. Nesse período, a transição de um estilo de vida nômade e de caça e coleta para uma sociedade agrícola e sedentária ocorreu em larga escala, possibilitando o crescimento populacional.

Idade Média (séculos V a XV)

A compreensão dos ciclos das estações, com os calendários, e os dispositivos mais tecnológicos, como os moinhos, permitiram a transição de um modo ancestral de cultivo para uma agricultura moderna, eficiente e sustentável.

Desencadeou-se, então, um acelerado processo de avanços tecnológicos e culturais que incluíram o manuseio dos metais, a construção de abrigos e meios de transporte, como embarcações e carroças, o aprimoramento da agricultura com a irrigação, a elaboração da escrita e da Matemática. A seguir, vieram as estradas, os monumentos, os calendários, as moedas cunhadas com desenhos e estampas e, mais adiante, os moinhos, as bússolas, os veleiros, as armas de fogo, o papel e a imprensa.

Mas foi entre os séculos XVIII e XIX que os avanços tecnológicos da humanidade começaram a se tornar uma ameaça à vida no planeta. O desenvolvimento de motores a vapor, que geravam energia a partir da combustão de carvão, deu início às Revoluções Industriais. Está associada a esses períodos a invenção da locomotiva, do navio a vapor, dos automóveis, dos aviões e das máquinas agrícolas. Foi também com essas revoluções que aconteceu um grande desenvolvimento nos meios de comunicação, com a invenção da fotografia, do telégrafo, do rádio, do telefone, da televisão e do cinema. Tudo isso promoveu, ao mesmo tempo, o surgimento das indústrias e grandes mudanças culturais, sobretudo, a emergência do capitalismo como o principal sistema de organização das sociedades modernas.

Por fim, a partir do século XX, a humanidade deu outros grandes saltos tecnológicos com o avanço da física e o domínio da energia nuclear e do magnetismo, o progresso da química e a criação de produtos sintéticos, como plásticos, fertilizantes e agrotóxicos, e as descobertas da Biologia e dos processos de clonagem e outras biotecnologias. Juntam-se a isso a criação e a popularização dos computadores e demais equipamentos eletrônicos portáteis, como os celulares, que, potencializados pela criação da internet, acentuaram o processo de globalização econômica e cultural que trouxe consequências de todo tipo, boas e más, para a humanidade e para o ambiente.

Revoluções Industriais (séculos XVIII a XX)

A introdução de máquinas e tecnologias avançadas na produção agrícola aumentou a eficiência e a produtividade. Além disso, o capitalismo incentivou a especialização agrícola e a competição entre produtores, resultando em investimentos em técnicas inovadoras, pesquisa e desenvolvimento. Essa combinação de avanços tecnológicos e incentivos econômicos impulsionou a agricultura.

Idade Contemporânea (dias atuais)

As inovações revolucionaram a agricultura, aumentando a produção, reduzindo custos. Se, por um lado, as máquinas agrícolas mais avançadas otimizaram as tarefas agrícolas, aumentando a eficiência e reduzindo o trabalho manual, por outro lado, elas foram responsáveis, entre outros pontos negativos, pela perda de diversidade agrícola, ou seja, pela especialização em larga escala de um único produto que pode prejudicar o meio ambiente, a segurança alimentar e a preservação das tradições culturais.

A principal causa da crise ambiental que o planeta atravessa é que, desde o século XX, passamos a viver em uma sociedade de consumo. Contrariando a lógica dos nossos ancestrais, de economizar os recursos e medir a qualidade dos produtos por sua durabilidade, na sociedade de consumo, a venda e a aquisição é a principal motivação da vida humana, fortalecida e orientada pela propaganda, que, apesar de ser uma invenção do século XVIII, ganhou muita força no século passado. A propaganda cria necessidades inexistentes para que os consumidores consumam produtos que não são mais avaliados por sua durabilidade e sua qualidade, mas por um valor simbólico imaginário, como é o caso das marcas de roupas. Esse aumento gigantesco do consumo gera impactos na natureza tanto pelo aumento da exploração de recursos para a produção dos itens quanto pelo descarte dos itens que não interessam mais.

NA PRÓXIMA VEZ que assistir a uma propaganda, avalie a real necessidade de possuir o produto anunciado e perceba que os valores associados a ele nada têm a ver com o produto em si, como felicidade, bem-estar, realização pessoal, vida em família, amizade e amor.

Cabe aqui apresentar dois conceitos fundamentais para a vida contemporânea: *economia* e *ecologia*. Ambos derivam da palavra grega *oikos*, que significa "casa", sendo a ecologia o "estudo da casa", e a economia, a "administração da casa". Esses termos tornaram-se populares a partir dos trabalhos do escocês Adam Smith, no caso da economia, em fins do século XVIII, e do alemão Ernst Haeckel, que foi o primeiro a citar a palavra ecologia, cerca de um século depois. O termo "economia" passou a ser usado para tratar do conjunto de atividades desenvolvidas pelos seres humanos visando à produção, à distribuição e ao consumo de bens e serviços necessários à qualidade de vida humana, enquanto a "ecologia" passou a significar o estudo dos seres vivos e de suas relações com o ambiente. Em um primeiro momento, parecem tratar de assuntos absolutamente desconectados. Contudo, vivemos tempos em que essas duas áreas não podem mais caminhar separadamente, pois precisamos aplicar os conhecimentos sobre a natureza e sobre as sociedades humanas para conseguirmos cuidar com mais eficiência e responsabilidade do planeta, que é definitivamente a casa de todos os seres vivos.

A OCUPAÇÃO DO CERRADO

A vida humana no Cerrado seguiu um processo parecido com o que descrevemos até agora. Há registros da presença humana no Cerrado há cerca de 11 mil a 13 mil anos. Estima-se que, quando os portugueses chegaram ao litoral do território que se tornou o Brasil, no início do século XVI, havia aqui cerca de 4 milhões de pessoas, que falavam cerca de mil línguas diferentes: as populações indígenas, também chamadas de povos originários. Muitos foram escravizados; outros, mortos ou expulsos de suas terras; e outros tantos pereceram por doenças vindas com os colonizadores, para as quais os nativos não estavam adaptados. Felizmente, muitos desses povos originários somam atualmente, apenas no Cerrado, cerca de 100 mil indivíduos, distribuídos em 83 etnias, como os Xavante, os Krahô, os Carajá, os Canela, os Bororo, entre tantos outros.

A economia do Brasil colonial foi, durante séculos, sustentada pelos povos africanos que foram escravizados e trazidos para trabalhar nas lavouras e, depois, na mineração. Muitos escravizados conseguiram fugir e formaram comunidades em locais de difícil acesso, os chamados quilombos. Seus descendentes compõem hoje as comunidades quilombolas, como é o caso dos Kalunga, na região de Cavalcante (GO).

Cesar Diniz/Pulsar Imagens

Menino da etnia Xavante, da aldeia do Baixão (Campinápolis - MT, 2022).

Luciola Zvarick/Pulsar Imagens

Menina da etnia Krahô, da aldeia Santa Cruz (Itacajá - TO, 2016).

Rapaz da etnia Boe Bororo, da aldeia Meruri (General Carneiro - MT, 2015).

Mario Friedlander/Pulsar Imagens

Mulher quilombola, da comunidade Kalunga do Vão das Almas (Cavalcante - GO, 2017).

Andre Dib/Pulsar Imagens

A ocupação do interior do Brasil foi mais tardia que a do litoral. Ela teve início em meados do século XVII, quando as entradas e bandeiras exploraram o interior em busca de ouro e outros minérios. Com o fim do ciclo do ouro, a população no interior voltou a diminuir e a região ficou ocupada por pequenos povoados e vilas que deram origem a importantes cidades históricas, como Ouro Preto (MG), São João del Rey (MG), Goiás (GO), Pirenópolis (GO), Poconé (MT), Cuiabá (MT), e tantas outras. Em meio a toda essa gente, que há séculos convive com o Cerrado, podemos identificar diversas populações tradicionais, como os geraizeiros, os vazanteiros, as quebradeiras-de-coco e os caipiras. Esses grupos se somam aos indígenas e quilombolas como guardiões do conhecimento tradicional sobre o Cerrado, que genericamente vêm sendo chamados de povos cerratenses.

No século XX, políticas como a "Marcha para o Oeste", do governo Getúlio Vargas, estimularam o movimento de ocupação da região do Cerrado, resultando, por exemplo, na construção da nova capital de Goiás, a cidade de Goiânia, oficialmente inaugurada em 1942. Mas foi a inauguração de Brasília, em 1960, pelo presidente Juscelino Kubitschek, que desencadeou um movimento migratório definitivo para a região central do Brasil.

O crescimento das cidades e a melhoria da malha rodoviária da região Centro-Oeste bem como a ciência foram fundamentais para o desenvolvimento daquela que seria a principal atividade econômica da região do Cerrado: a agropecuária. Isso se deu, em grande medida, a partir da criação, em 1973, da Empresa Brasileira de Pesquisa Agropecuária (Embrapa).

marmore/Shutterstock

A construção de Brasília (DF) visava promover o desenvolvimento da região Centro-Oeste e equilibrar o crescimento econômico e populacional. Isso gerou um verdadeiro êxodo para o Cerrado.

Densidade demográfica, 1872-2010

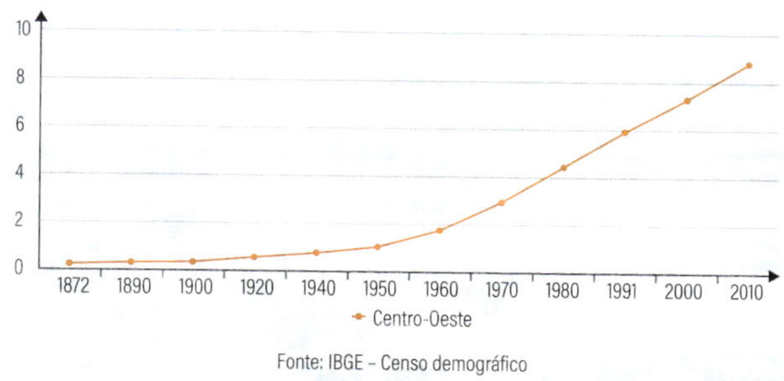

Fonte: Instituto Brasileiro de Geografia e Estatística (IBGE). Densidade demográfica: os Censos Demográficos, segundo as Grandes Regiões e Unidades da Federação - 1872/2010. Rio de Janeiro: IBGE, 2010.

População do Cerrado

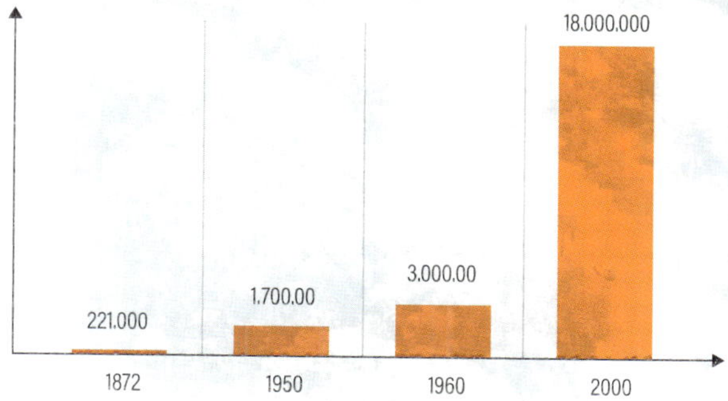

Fonte: Klink, C. A. & Moreira, A. G. Past and current human occupation and land use. *In:* Oliveira, P. S.; Marquis, R. J. The cerrados of Brazil: ecology and natural history of a neotropical savanna. Nova York, Columbia University Press, 2002. p. 69-88.

A Embrapa é uma instituição de pesquisa vinculada ao Ministério da Agricultura, Pecuária e Abastecimento do Brasil. Foi criada em 1973 com o objetivo de desenvolver soluções inovadoras para a agricultura e a pecuária brasileiras, visando aumentar a produtividade, promover a sustentabilidade e impulsionar o desenvolvimento rural.

Reprodução/Embrapa - Empresa Brasileira de Pesquisa Agropecuária

A história da Embrapa está intrinsecamente ligada ao contexto da expansão agrícola no Brasil, principalmente na região do Centro-Oeste. Com a abertura do Cerrado para a produção agrícola nas décadas de 1960 e 1970, a Embrapa desempenhou um papel fundamental no desenvolvimento de tecnologias e práticas adaptadas a esse ambiente. A instituição investiu em pesquisa e desenvolvimento de variedades de culturas adaptadas ao solo e ao clima do Cerrado, além de promover avanços em técnicas de manejo do solo e de conservação.

Algumas preocupações da Embrapa foram:

- Aumento da produtividade agrícola: a Embrapa desenvolveu variedades de culturas, como a soja e o milho, adaptadas ao Cerrado, que contribuíram para um aumento significativo da produtividade agrícola na região. Essas inovações impulsionaram o crescimento do agronegócio e a posição do Brasil como um dos principais produtores de grãos do mundo.
- Sustentabilidade ambiental: a empresa desempenhou um papel importante na pesquisa de práticas agrícolas sustentáveis e no manejo adequado dos recursos naturais. Isso incluiu a adoção de sistemas de integração lavoura-pecuária-floresta (ILPF), que combinam a produção agrícola com a preservação da vegetação nativa e a criação de gado, promovendo a conservação do solo, a redução da emissão de gases de efeito estufa e a biodiversidade.
- Transferência de conhecimento: a Embrapa não apenas desenvolve tecnologias, como também se dedica à disseminação desses conhecimentos para os agricultores e pecuaristas. Por meio de programas de extensão, treinamentos e parcerias, a empresa contribuiu para a capacitação e o aprimoramento das práticas agrícolas, melhorando a eficiência produtiva e a renda dos produtores rurais.
- Desenvolvimento regional: a atuação da Embrapa na região do Centro-Oeste promoveu o desenvolvimento econômico e social, gerando empregos, impulsionando a infraestrutura e atraindo investimentos para a região. O agronegócio tornou-se um dos principais pilares da economia local, contribuindo para a geração de renda e o desenvolvimento de comunidades rurais.

Em resumo, a Embrapa teve um impacto significativo na região do Centro-Oeste, impulsionando o desenvolvimento agrícola, a produtividade, a sustentabilidade ambiental e o crescimento econômico.

Maria Goreti Braga dos Santos/ Embrapa - Empresa Brasileira de Pesquisa Agropecuária

Sede da Embrapa em Brasília (DF), inaugurada em 1973.

O desenvolvimento das máquinas agrícolas, a seleção de sementes e, sobretudo, a correção da acidez do solo com o uso de calcário possibilitaram que os solos das planas paisagens do Cerrado fossem usados não somente para a agricultura de grãos em larga escala, mas também para a criação de gado em pastagens plantadas. Em poucas décadas, a paisagem da região foi remodelada para se tornar um dos maiores territórios agrícolas do mundo, levando o Brasil a assumir os primeiros lugares nos *rankings* de países produtores de carne, soja e milho, ao lado dos Estados Unidos, da China e da União Europeia. Com o tempo, novas áreas do Cerrado passaram a ser utilizadas para compor essa fronteira agrícola, como a região de Matopiba (na fronteira dos estados do Maranhão, Tocantins, Piauí e Bahia), cuja paisagem vem sendo rapidamente transformada neste início de século XXI.

O Brasil tornou-se o maior exportador de carne bovina do mundo, batendo recorde em 2021, quando o rebanho total chegou a 224,6 milhões de cabeças. Entre os cinco primeiros estados no *ranking* de maior rebanho, quatro são do Cerrado: Mato Grosso, Goiás, Minas Gerais e Mato Grosso do Sul. No total, 55% do rebanho do país está no Cerrado.

Esse avanço da fronteira agropecuária responde por boa parte dos recursos financeiros do país — o que chamamos de Produto Interno Bruto (PIB) — e tem contribuído para o desenvolvimento dessas regiões. Contudo, assim como no restante do mundo, o desafio para o Cerrado é conciliar as atividades econômicas com a própria existência.

NA PRÓXIMA VEZ que observar a região onde você vive a partir de um lugar alto, procure imaginar como seria a paisagem original e como o cenário atual poderia ser modificado para que o lugar se tornasse mais sustentável.

Lucas Ninno/Moment/Getty Images

Ranking do rebanho bovino por estado
(em milhões e participação %)

1º	Mato Grosso	32,42	14,4%
2º	Goiás	24,29	10,8%
3º	Pará	23,92	10,7%
4º	Minas Gerais	22,86	10,2%
5º	Mato Grosso do Sul	18,61	8,3%
6º	Rondônia	15,11	6,7%
7º	Bahia	11,76	5,2%
8º	Rio Grande do Sul	11,06	4,9%
9º	São Paulo	10,72	4,8%
10º	Tocantins	10,16	4,5%

Fonte: Instituto Brasileiro de Geografia e Estatística (IBGE). *Pesquisa da Pecuária Municipal (2021)*. Rio de Janeiro: IBGE, 2021.

Área colhida na região Centro-Oeste

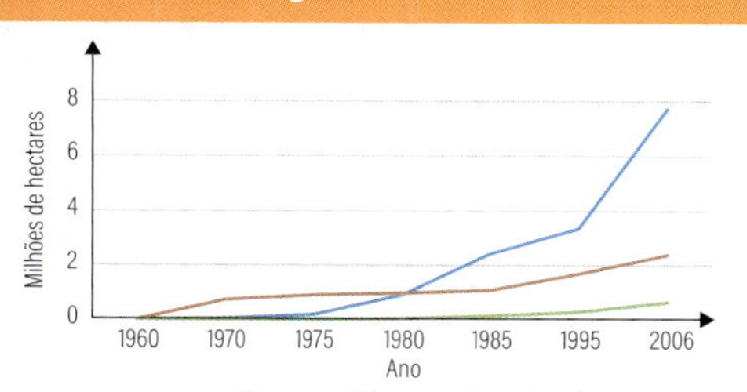

Fonte: Instituto Brasileiro de Geografia e Estatística (IBGE). *Censo Agropecuário 2017*. Rio de Janeiro: IBGE, 2017.

PENSAR GLOBALMENTE, AGIR LOCALMENTE

Reprodução/ONU

Assim como nas unidades anteriores, seguimos aqui discutindo as propostas da ONU para que o mundo seja mais sustentável. Veremos, a seguir, mais quatro ODS.

Reprodução/ONU

2º ODS – Fome zero e agricultura sustentável

Apesar de a agricultura ter sido uma das primeiras e mais importantes descobertas tecnológicas da humanidade e de termos dominado a produção de alimentos a níveis que superam as necessidades nutricionais da espécie em todo o planeta, até hoje persiste o problema da *fome*. Isso quer dizer que a distribuição dos alimentos é desigual e, por isso, muitas pessoas passam fome enquanto muita comida é jogada fora todos os dias.

Outra questão relevante é que, para aumentar a produção de alimentos, a ciência desenvolveu insumos químicos, tanto para acelerar o crescimento de plantas e de animais quanto para matar pragas que destruíam as plantações. Com isso, passamos a conviver com alimentos que prejudicam nossa saúde. Quando esses produtos químicos são usados de maneira inadequada, eles também podem contaminar a água doce de rios e lençóis freáticos, assim como o solo. Por isso, esse importante ODS busca *acabar com a fome, alcançar a segurança alimentar e a melhoria da nutrição e promover a agricultura sustentável*.

A ONU afirma que, para garantir o acesso de todas as pessoas a alimentos seguros, nutritivos e suficientes durante todo o ano, será necessário dobrar a produtividade agrícola e a renda dos pequenos produtores de alimentos, inclusive por meio do acesso seguro à terra e a outros recursos produtivos, além de insumos, conhecimentos, serviços financeiros e mercados.

Já para garantir sistemas sustentáveis de produção de alimentos, é necessário implementar práticas agrícolas que aumentem a produtividade e a produção, que ajudem a manter os ecossistemas, que fortaleçam a capacidade de adaptação às mudanças climáticas, além de melhorarem progressivamente a qualidade do solo. Ou seja, é preciso melhorar as formas de produzir para ter mais eficiência e sustentabilidade, em vez de aumentar indefinidamente as áreas plantadas em um modelo que desmata e degrada o solo.

BY BRAZIL/Shutterstock

Comprar de pequenos produtores não apenas garante a renda de suas famílias, como ajuda na preservação ambiental.

8º ODS – Trabalho decente e crescimento econômico

Reprodução/ONU

Esse ODS é também muito importante e está associado ao 2º ODS. Sustentabilidade também é justiça e garantia de oportunidades e qualidade de vida para todas as pessoas. Portanto, o direito ao trabalho corretamente remunerado e em que não haja exploração dos trabalhadores está diretamente relacionado com a sustentabilidade. Assim, esse ODS visa *promover crescimento econômico sustentado, inclusivo e sustentável, emprego pleno e produtivo e trabalho decente para todas e todos.*

Para isso, é importante promover políticas orientadas para o desenvolvimento e que apoiem atividades produtivas, geração de emprego decente, empreendedorismo, criatividade e inovação, além de incentivar a formalização e o crescimento das micro, pequenas e médias empresas. Também é preciso tomar medidas imediatas e eficazes para erradicar o trabalho análogo à escravidão e assegurar a proibição e a eliminação do trabalho infantil em todas as suas formas.

Outra meta fundamental é alcançar o emprego pleno e produtivo e o trabalho decente para todas as mulheres e todos os homens, inclusive os jovens e as pessoas com deficiência, e remuneração igual para trabalho de igual valor. Isso inclui, por exemplo, as políticas para promover o turismo sustentável, que gera empregos e incentiva a cultura e os produtos locais.

A carteira de trabalho é um documento imprescindível para o trabalhador brasileiro.

RafaPress/iStockphoto/Getty Images

9º ODS – Indústria, inovação e infraestrutura

Reprodução/ONU

Como vimos, o desenvolvimento tecnológico é uma característica dos seres humanos, que continuamente seguem inovando e inventando novas formas de viver e utilizar os elementos do ambiente em seu proveito. Por isso, um mundo sustentável requer que a economia e a ecologia trabalhem juntas, para que sejam concebidos produtos que melhorem a qualidade de vida humana sem comprometer as demais espécies e o funcionamento dos sistemas naturais do planeta.

Para atingir esse objetivo, o 9º ODS pretende *construir infraestruturas resilientes, promover a industrialização inclusiva e sustentável e fomentar a inovação.* Entre suas várias metas, destaca-se a ideia de modernizar a infraestrutura e de reabilitar as indústrias para torná-las sustentáveis, com eficiência aumentada no uso de recursos e maior adoção de tecnologias e processos industriais limpos e ambientalmente corretos.

A energia eólica é uma opção quando o assunto é tecnologia sustentável.

Antonio Salaverry/Shutterstock

12º ODS – Consumo e produção responsáveis

Reprodução/ONU

Talvez o principal equívoco na trajetória da humanidade tenha sido abandonar um percurso em que o desenvolvimento tecnológico se dava em função da melhoria da vida humana. Em seu lugar, tomamos um caminho em que o consumo parece ter se tornado o principal objetivo da nossa espécie. Passamos o dia assistindo a mensagens, nas mídias e nas ruas, reforçando as ideias de que para ter sucesso na vida é preciso possuir bastante dinheiro e vários bens, assim como consumir muito mais coisas do que de fato precisamos ou mesmo que temos condições de usufruir. Uma mudança de mentalidade e comportamento são essenciais para a humanidade retomar sua trajetória, e é o que faz desse ODS um dos mais importantes e audaciosos, ao buscar "assegurar padrões de produção e de consumo sustentáveis".

As propostas desse ODS incluem *reduzir o desperdício de alimentos em todas as etapas das cadeias de produção e abastecimento; reduzir a geração de resíduos por meio da prevenção, da redução, da reciclagem e do reuso;* e, sobretudo, garantir que todas as pessoas tenham informação relevante e *conscientização para assumirem estilos de vida mais sustentáveis* e em harmonia com a natureza.

UNIDADE 4 O MUNDO E O CERRADO HOJE

A CULTURA LOCAL E O MUNDO GLOBALIZADO

Ao falar de cultura, podemos entender a variação — ou seja, a *diversidade cultural* — como característica das manifestações culturais. Mais do que isso, essa diversidade é uma das coisas mais belas e importantes que há e pelas quais precisamos zelar, a fim de garantir que a cultura continue em movimento.

Considerando os 2 milhões de quilômetros quadrados que o Cerrado ocupa, fica evidente não apenas que a vegetação terá especificidades regionais, como dissemos nas primeiras unidades do livro, mas também que os conhecimentos e as tradições compõem culturas variadas no Cerrado mineiro, no paulista, no goiano, no mato-grossense, no pantaneiro, assim como, mais ao Norte, no interior da Bahia, no Tocantins, no Piauí e no Maranhão. Essas culturas têm suas características próprias, mas também sofrem influências umas das outras e de fora do Cerrado; por isso, têm aspectos muito parecidos em alguns casos, como veremos mais à frente.

Antes, porém, é importante dizer que, na segunda metade do século passado, tomou grande impulso um processo que chamamos de *globalização*. Isso significa que aumentaram muito, e em pouco tempo, a aproximação e a influência de características culturais entre os países. Essa globalização trouxe e continua a trazer forte influência na linguagem, nos modos de vestir, na alimentação, nos gostos musicais e em muitos outros costumes, tanto no Brasil como nos demais países.

Posso dar a você alguns exemplos de coisas que não havia por aqui quando eu estava na escola e que hoje são elementos comuns do dia a dia do brasileiro. Os próprios nomes indicam a procedência de outros países, que incluem nações como o Japão e, principalmente, os Estados Unidos: *kiwi*, *sushi*, *fast-food*, hambúrguer, *shopping center* e *pet shop*.

Paulo Nabas/Shutterstock

A Folia de Reis é uma festividade popular de origem cristã em que grupos de foliões percorrem as ruas e casas cantando músicas religiosas e folclóricas, representando a visita dos Reis Magos ao Menino Jesus. Os foliões vestem trajes coloridos e máscaras, como na foto, carregam instrumentos musicais e pedem abrigo e oferendas nas casas visitadas. A festa promove a união comunitária e valoriza as tradições culturais e a fé.

Vejamos o caso da música sertaneja, que é tão popular em nosso país, sobretudo na região do Cerrado. Podemos dizer que as influências iniciais são mesmo da música portuguesa e dos instrumentos de corda e da sanfona trazidos da Europa pelos colonizadores. Os temas que eram cantados nas músicas mais antigas eram muito ligados ao cotidiano da vida rural, como a saudade, o trabalho, a família, a natureza e, claro, o amor. Já antes da virada do século, uma forte influência da música norte-americana, particularmente do *country* e do *folk*, modificou ritmos, instrumentos, temas e até mesmo as vestimentas dos cantores e cantoras, o que se resultou no estilo musical que conhecemos hoje. Tudo isso faz parte do movimento da cultura, que foi intensificado com o avanço das tecnologias de comunicação, sobretudo a internet.

As mudanças na música podem ser consideradas consequências da globalização, que ampliaram o caldeirão cultural da música brasileira. Do mesmo modo, a entrada, no Brasil, do *rock* inglês e do *reggae* jamaicano, fez surgir por aqui artistas especializados nesses ritmos. Mas, mesmo que esses fatos possam ser entendidos como positivos, é preciso que os brasileiros compreendam a existência e as origens dessas influências e reflitam sobre seus impactos em sua cultura. Isso porque, em muitos casos, pode haver consequências mais negativas, como quando assimilamos elementos da cultura de outros países e passamos a desvalorizar as nossas tradições e a nossa identidade.

Vejamos o caso da Festa do Dia das Bruxas que vem se tornando muito popular, principalmente nos grandes centros urbanos. Por que estamos comemorando uma tradição dos Estados Unidos, e não outra qualquer, como o Dia dos Mortos, dos mexicanos, ou mesmo a Corrida do Queijo (*cheese rolling*), dos ingleses? A resposta para essa pergunta está em outro conceito: o *imperialismo cultural*.

Leeroy Todd/Shutterstock

Atualmente, o estilo musical conhecido como sertanejo agrega muitos elementos da música *pop* mundial, desde a instrumentação até o aparato tecnológico envolvido nas apresentações para grandes públicos.

Essa ideia traduz o movimento de dominação de um país ou povo sobre outro, apagando a identidade original sem a eliminação dos indivíduos, com ou sem o uso da violência. Ele ocorre há muito tempo, com registros desde a Grécia Antiga. Um exemplo está no processo da colonização portuguesa no Brasil, quando a imposição da língua e da religião aos povos indígenas foi uma forma de dominação cultural que acabou levando ao apagamento de diversos aspectos das culturas dominadas, quando não a própria extinção delas.

Portanto, assim como a extinção de espécies pode ser promovida pela ação humana, aspectos da cultura também podem ter sua extinção acelerada. Como dito na unidade anterior, estima-se que no Brasil, antes da chegada dos portugueses, a população indígena era de 4 milhões de indivíduos e que eram faladas cerca de mil línguas nativas. Em quinhentos anos, essa população foi reduzida a menos da metade, e as línguas faladas, a 160.

Desde meados do século passado, os Estados Unidos são a nação que tem promovido o mais forte processo de imperialismo cultural, expandindo sua influência por todo o planeta. A cultura estadunidense está em todos os lugares, sendo a música e o cinema as principais formas de disseminação dos valores e hábitos dos americanos. Com eles, vêm a alimentação, os modos de vestir e, evidentemente, a língua inglesa, que hoje nomeia lojas, aparelhos e conceitos, marcando presença em muitos aspectos de nossa vida.

NA PRÓXIMA VEZ que ligar a televisão, ou acessar os diversos aplicativos e *sites* da internet, observe e identifique, na programação e nos comerciais, a influência da cultura estadunidense no nosso dia a dia.

Vaclav/Shutterstock

As produções cinematográficas de Hollywood têm a capacidade de ditar a moda, o comportamento, a linguagem e os valores em diferentes partes do mundo. Elas exercem uma influência cultural poderosa e desempenham um papel fundamental na disseminação de ideias e conceitos em escala internacional.

Luciola Zvarick/Pulsar Imagens

Geraizeiro colhendo lavanda em Carmo do Rio Claro (MG), 2022.

A CULTURA CERRATENSE

A cultura do Cerrado, ou cerratense, é um misto de influências que incluem desde os povos indígenas, originários da região, passando pelos povos tradicionais, que ocuparam o Cerrado a partir do processo de colonização e que desenvolveram sua cultura adaptada à natureza local (como os geraizeiros, quilombolas, caipiras, quebradeiras de coco e vazanteiros), até a recente cultura do "agro", que permeia toda a região, exercendo influência cada vez maior, sobretudo a partir da virada do século XXI.

Ricardo Azoury/Pulsar Imagens

Quebradeiras de coco no povoado de São José de Lagoa (MA), 2019.

Andre Dib/Pulsar Imagens

Vazanteira às margens do rio São Francisco, em Januário (MG), 2013.

As influências de cada uma dessas vertentes estão nos nomes dos locais, dos rios e das chapadas, na alimentação, nas vestimentas, na religiosidade, na música e nos instrumentos musicais, nas danças, nas festividades, entre outras possibilidades.

NA PRÓXIMA VEZ que for apresentado a uma nova localidade, alimento, dança ou objeto, analise seu nome e procure identificar influências indígenas, portuguesas, africanas ou mesmo estadunidenses.

Povos tradicionais do Cerrado

Povos indígenas: segundo o Instituto Sociedade, População e Natureza (ISPN), o Cerrado abriga 83 etnias diferentes, distribuídas em 216 terras indígenas nos estados do Maranhão, Tocantins, Goiás, Mato Grosso e Mato Grosso do Sul. Algumas delas são: Xavantes, Krahô, Xerente, Bororo, Karajá, Kayapó, Canela, Avá-Canoeiro e Tapuya.

Quilombolas: são comunidades de descendentes dos escravizados de origem africana, de cultura e história muito particulares, que hoje vivem de atividades agrícolas, artesanato, extrativismo e ecoturismo. No Cerrado, existem 44 territórios quilombolas, como são os casos da Comunidade do Cedro, próxima do município de Mineiros (GO), e da Comunidade Kalunga, no norte de Goiás, região do município de Cavalcante.

Geraizeiros: é o nome dado aos camponeses da região norte de Minas Gerais e oeste da Bahia. As expressões "Gerais" e "Sertão" eram usadas para identificar o interior do Brasil muito antes de o termo "cerrado" ser adotado como nome do bioma.

Quebradeiras de coco: são mulheres das comunidades nos vales dos rios Parnaíba, Tocantins e Araguaia, nos estados do Maranhão, Piauí e Tocantins, que se dedicam ao extrativismo do babaçu e que se organizaram como movimento a partir da década de 1990.

Vazanteiros: são comunidades das margens do rio São Francisco que vivem da pesca e da agricultura, acompanhando os ciclos de enchente, cheia, *vazante* e seca do rio.

> **CONHEÇA UM POUCO MAIS** sobre as populações tradicionais do Cerrado nos *links*:
>
> https://redecerrado.org.br/quem-somos/nossa-historia/
>
> https://ispn.org.br/biomas/cerrado/povos-e-comunidades-tradicionais-do-cerrado/
>
> https://pib.socioambiental.org/pt/Página_principal
> Acesso em: 8 ago. 2023.

A **cultura do agro** é recente e vem se consolidando associada ao contexto dos complexos agroindustriais, ou seja, ao modo de produção baseado em grandes monoculturas, sobretudo de grãos, como soja e milho, mas também de algodão, girassol e cana-de-açúcar. Um grande destaque é a criação de gado bovino para a produção de leite e derivados, mas sobretudo carne. A alta mecanização da agricultura é outra característica que se reflete também nas caminhonetes. Os rodeios e o sertanejo universitário estão entre as maiores marcas da cultura do agro.

Algumas manifestações culturais do Cerrado

Sussa: dança ao som de tambores e músicas versadas, sem contato físico. Tem origem africana e é praticada em muitos quilombos.

Catira: dança, ao som de viola, marcada pela batida dos pés e das mãos dos dançarinos. Tem influências indígenas, africanas e europeias, muito presente na cultura caipira em Goiás, norte de Minas e interior de São Paulo.

Festa do Divino: de origem católica, relembra o dia em que o Espírito Santo (simbolizado por uma pomba branca) desceu sobre os apóstolos. Além dos cortejos, a festa pode incluir outras manifestações, como as Cavalhadas, tradicionais em Pirenópolis (GO), que são encenações de batalhas medievais entre cristãos (de azul) e muçulmanos (de vermelho).

Congada: festa que mistura o catolicismo com as religiões de matriz africana, geralmente associada ao louvor à Nossa Senhora do Rosário (mas também a São Benedito e Santa Efigênia), incluindo as danças do Congo e Moçambique, oriundas das regiões (hoje países) africanas das quais herdaram o nome. A festa relembra a coroação do rei do Congo e da rainha de Angola.

Marco Antonio Sá/Pulsar Imagens

As Cavalhadas não são um evento exclusivo da Festa do Divino. Na foto, Festa de São Benedito, importante manifestação folclórica e religiosa (Poconé - MT, 2016).

Renato Soares/Pulsar Imagens

Kuarup é uma celebração para homenagear os indígenas que morreram. No ritual, toras de madeira, cada uma representando um morto, são enterradas no pátio da aldeia. Os homens se juntam ao redor para entalhar e pintar o tronco; depois, o adornam com o tucanapi, um cocar de penas de tucano, arara, japim e gavião-real; por fim, amarram uma abraçadeira e um colar de caramujo na tora. Enfileirados, os homens dançam até o Kuarup para se apresentar. Na foto, ritual realizado pela etnia Mehinako da aldeia Uyapiyuku, em Gaúcha do Norte (MT), em 2022.

A **CULTURA** E O USO DA *TERRA*

Ao longo do tempo, as sociedades humanas desenvolveram modos de viver nas mais diversas condições impostas pelo ambiente. Assim, encontramos modos específicos de sobreviver em locais de frio extremo (como é o caso dos inuítes), em ambientes desérticos (caso dos beduínos) ou mesmo em florestas tropicais e savanas. Por exemplo, nas savanas da Tanzânia e do Quênia, os masai utilizam seus mantos avermelhados e chamativos para serem percebidos a distância, possibilitando a convivência com grandes predadores, como leões e leopardos.

Na América do Sul, muito antes de receber esse nome pelos europeus, muitíssimas sociedades humanas conviviam com a floresta tropical e o Cerrado. A rica cultura desenvolvida por esses povos incluía uma série de rituais associados a diferentes momentos da vida em comunidade, como casamentos, mortes ou a passagem da infância à idade adulta. Esses ritos continuam a existir por meio da tradição dos povos indígenas expressa em celebrações como o Kuarup, no Alto Xingu (MT), e de práticas esportivas como o Uiwede, competição realizada pelos xavantes envolvendo lutas corporais e corridas com toras de buriti.

Os povos tradicionais desenvolveram modos de manejar o fogo no Cerrado, bem como selecionaram, ao longo de séculos, vegetais de alto valor nutritivo para a alimentação, como diversas variedades de mandioca e milho. E um aspecto crucial desses povos é seu senso de pertencimento à terra. Para eles, o território onde vivem é sagrado, no sentido de que é dali que eles e seus antepassados retiram e retiraram sua subsistência; é o local onde repousam os mortos e onde montes, rios, florestas e vales têm valor simbólico incalculável e insubstituível. Por essa razão, esses povos sempre cuidaram responsavelmente de seus territórios, que hoje correspondem exatamente às áreas naturais mais bem conservadas do país.

O que houve quando os europeus chegaram a esse continente foi um estranhamento das fortes diferenças culturais e visões de mundo, que avançou para uma imposição pela força dos valores europeus daquela época. Religião, vestimentas, relação com a natureza e os modos de produção e exploração dos recursos são exemplos da violência praticada nesta e em outras colônias europeias nas Américas e no continente africano.

Fabio Colombini/Acervo do fotógrafo

O pau-brasil (*Caesalpinia echinata*) pode chegar a 15 metros de altura. Seu tronco avermelhado é muito usado na construção de móveis e instrumentos musicais, além de ser aproveitado para produção de tintas. Atualmente, a espécie está em risco de extinção.

O Brasil, enquanto colônia, passou a fornecer matérias-primas para a Europa. O primeiro produto foi o pau-brasil, árvore nativa da Mata Atlântica de alto valor econômico, sobretudo para a fabricação de tinta. Depois, o cultivo da cana-de-açúcar deu início a um modelo de produção agrícola baseado em plantios que ocupavam enormes extensões de terra pertencentes a um único proprietário, os chamados *latifúndios*. Esse modelo foi usado também para a produção de café, algodão e cacau. Todas essas atividades econômicas foram realizadas por meio do trabalho forçado primeiramente dos indígenas e, depois, dos povos africanos que foram escravizados para produzir para a Coroa Portuguesa, sem direitos e sob extrema violência.

Cana-de-açúcar (*Saccharum officinarum*).

undefined undefined/iStock/Getty Images

Grãos torrados de café.

GCapture/Shutterstock

Cacau (*Theobroma cacao*).

dimarik/iStockphoto/Getty Images

Algodão (*Gossypium hirsutum L.*).

TrueVisioner/Shutterstock

Pepitas de ouro.

macrowildlife/Shutterstock

Fica evidente que, nesse contexto, aquele pertencimento à terra observado nos povos originários não existia mais. Nem os novos donos da terra, que só a viam como objeto de exploração, nem os povos escravizados, longe de casa e violentados de todas as formas, podiam desenvolver uma relação adequada de afeto e cuidado com o lugar onde viviam.

Após o ciclo da cana, ocorrido nas proximidades da região litorânea, a descoberta de ouro e diamantes promoveu uma grande movimentação de pessoas para o interior do país, sobretudo na região Sudeste, onde foram fundados diversos povoados que deram origem a algumas das mais importantes cidades históricas brasileiras. Com o fim do ciclo da mineração pela exaustão dos recursos, isto é, pela escassez do ouro e demais minérios que foram levados do país, aqueles povoados permaneceram e se consolidaram em atividades econômicas de subsistência, que incluíam o artesanato, o comércio, a lavoura e a criação de animais em pequenas propriedades. Esse foi um período em que se fortaleceu a valorização do lugar e da cultura regional, que hoje chamamos cerratense, e que inclui os povos citados anteriormente, como os caipiras e os geraizeiros. Os escravizados fugidos se abrigaram em quilombos, geralmente situados em regiões de difícil acesso, e ali, isolados, desenvolveram suas tradições e seus modos de sobrevivência, estabelecendo, no decorrer das gerações, novas e profundas relações com a terra.

Slatan/Shutterstock

Segundo o Censo Agropecuário do IBGE, os estabelecimentos de agricultura familiar, que incluem os pequenos produtores rurais, correspondem a cerca de 84% do total de estabelecimentos agropecuários no Brasil.

André Dib/Pulsar Imagens

Mata preservada em reserva legal e plantação de algodão, à direita (Campo Verde - MT, 2022).

UMA NOVA ERA

Os séculos XIX e XX são marcados pelo avanço tecnológico propiciado nos séculos anteriores pelas Revoluções Industriais. Nesse período, a ideia de progresso se impôs como o oposto da vida adaptada ao meio ambiente. O que passou a vigorar foi a capacidade humana de transformar completamente o meio naquilo que fosse de seu interesse, que naquele momento era o aumento da produção industrial e agrícola.

Nesse sentido, nos anos 1960, tem início, nos Estados Unidos e na Europa, um processo que foi chamado de *Revolução Verde*. Essa expressão está relacionada ao desenvolvimento de maquinários agrícolas de alta *performance*, adubos e fertilizantes químicos, inseticidas e herbicidas e produção de sementes transgênicas. Tudo isso influenciou o início de uma nova fase da produção agrícola que ampliou incrivelmente a área plantada e as colheitas em diversas regiões do planeta. No caso do Brasil, a região do Cerrado foi a que mais recebeu incentivos para o estabelecimento de grandes plantações de grãos, como soja e milho, e para o estabelecimento de pastagens para criação extensiva de gado bovino. Segundo estimativas, a partir desse processo, restaram de 30% a 40% da vegetação nativa do Cerrado.

Dos anos 1960 até a virada do século XXI, a ampliação do setor agropecuário no Cerrado foi marcante, levando a região à liderança nacional na produção de grãos e carne bovina. Esse processo promoveu migrações internas, ocupações de novas regiões e fundação de muitos municípios novos.

Acontece que, já antes da virada do século, se percebia tanto no Brasil (e no Cerrado) quanto no mundo todo, que o modelo agrícola originado pela Revolução Verde também havia trazido consequências sociais e ambientais que precisavam ser discutidas e consideradas. A corrida por novas terras para ampliar as áreas produtivas provocou conflitos com populações tradicionais e expulsou camponeses de pequenas propriedades para viverem em precárias condições nas periferias das cidades, em um movimento que chamamos de *êxodo rural*. O uso excessivo de químicos na produção agropecuária gerou impactos nos solos, nas fontes de água e na saúde das pessoas, particularmente das famílias dos agricultores que manuseavam esses produtos sem os devidos equipamentos de proteção. A exploração excessiva da água para irrigação e o manejo inadequado do solo gerou processos de desertificação em muitas regiões.

Com base nessas constatações, e em outras ainda mais graves, como as mudanças climáticas, teve início um forte movimento envolvendo a sociedade civil, os cientistas, a ONU, os produtores rurais e os comerciantes no sentido de superar esses impactos sociais e ambientais, em direção a um modelo de produção agrícola com mais sustentabilidade. Como foi dito na unidade anterior, vivemos, portanto, tempos em que precisamos conciliar as necessidades humanas, de produzir e fortalecer a economia, com as de existir com respeito e em equilíbrio com a natureza, como nos ensina a ecologia. A cultura, portanto, continua a se movimentar e a se renovar, e hoje os tempos são de uma *cultura da sustentabilidade*.

NA PRÓXIMA VEZ que passar pelas estradas do interior do Brasil, Cerrado afora, veja o nome dos municípios nas placas e pesquise a data de fundação deles, relacionando-os aos períodos históricos discutidos nesta unidade.

PENSAR GLOBALMENTE, AGIR LOCALMENTE

Reprodução/ONU

A seguir, veremos mais três Objetivos do Desenvolvimento Sustentável (ODS) ligados ao desafio de construir uma vida no Cerrado com mais sustentabilidade.

Reprodução/ONU

4º ODS – Educação de qualidade

A educação é a principal forma de levar cultura a todos. Conhecer o Cerrado, aprender a respeitá-lo e valorizá-lo, é uma tarefa impossível de se realizar sem a educação. Essa tarefa diz respeito a todos, independentemente da idade ou da condição. Por isso, esse ODS é tão importante: ele busca *assegurar a educação inclusiva e equitativa e de qualidade, e promover oportunidades de aprendizagem ao longo da vida para todas e todos.*

Uma de suas metas é promover, por meio da educação, estilos de vida sustentáveis, direitos humanos, igualdade de gênero, promoção de uma cultura de paz e não violência, cidadania global e valorização da diversidade cultural e da contribuição da cultura para o desenvolvimento sustentável. Na próxima unidade, veremos mais exemplos de como a educação pode atuar em defesa do Cerrado.

FG Trade/E+/Getty Images

Reprodução/ONU

10º ODS – Redução das desigualdades

As desigualdades entre os seres humanos que vivem no planeta são colossais. Uma minoria muito rica tem acesso a bens e serviços da melhor qualidade, enquanto a grande maioria é de pessoas pobres com acesso a quase nada. Tal descalabro é exemplificado no caso de um dos problemas mais graves que ameaçam a vida no planeta: o aquecimento global. Isso porque 10% dos mais ricos da humanidade são responsáveis por praticamente metade das emissões de CO_2, enquanto a contribuição dos 3 bilhões de pessoas mais pobres (cerca de 40% da população mundial) para as emissões globais é de apenas cerca de 5%.

O Brasil é um dos países mais desiguais do mundo, e isso se reflete na situação vivenciada no Cerrado, havendo muitas famílias de camponeses sem acesso à terra ao mesmo tempo que poucos indivíduos são proprietários de extensas e distintas fazendas.

Por tudo isso devemos considerar com atenção esse ODS, que visa *reduzir a desigualdade dentro dos países e entre eles*, promovendo a inclusão social, econômica e política de todos, independentemente de idade, gênero, deficiência, raça, etnia, origem, religião, condição econômica ou outra razão.

16º ODS – Paz, justiça e instituições eficazes

Reprodução/ONU

A cultura da sustentabilidade que é buscada por todos hoje em dia precisa ser, também, uma cultura de paz e de justiça. Esse ODS está muito relacionado aos outros dois anteriores, pois a redução das desigualdades é uma forma de fazer justiça, e esta, para triunfar, precisa de uma educação de qualidade. O 16º ODS visa *promover sociedades pacíficas e inclusivas para o desenvolvimento sustentável, proporcionar o acesso à justiça para todos e construir instituições eficazes, responsáveis e inclusivas em todos os níveis*.

Muitos temas estão relacionados a esses objetivos, com destaque para a redução da violência e o fim da exploração de crianças, da tortura, do mercado de armas ilegais, do crime organizado e da corrupção. No caso do Cerrado, e de diversas outras regiões do interior do Brasil, os conflitos no meio rural, como pela posse e pelo uso da terra ou mesmo pequenas desavenças, são muitas vezes tratados com extrema violência. Isso precisa ter fim, e esses casos precisam ser solucionados por meio da justiça, aplicada pelas instituições responsáveis.

Cacio Murilo/Shutterstock GTrade/E+/Getty Images

O Supremo Tribunal Federal (STF), o mais alto órgão do Poder Judiciário no Brasil, desempenha um papel crucial na estabilidade democrática e no equilíbrio dos poderes no Brasil, protegendo os direitos e garantias fundamentais dos cidadãos.

UNIDADE 5
O FUTURO DO CERRADO E DO PLANETA

Vista aérea da rodovia MT-351, Chapada dos Guimarães-TO.

Cristian Lourenço/iStock/Getty Images

A CIÊNCIA A SERVIÇO DA VIDA

A ciência é uma maneira de explicar e conhecer o mundo. Mais precisa que nossa intuição (ou explicações baseadas no senso comum) e mais questionadora que as religiões, a ciência apresenta um modo organizado de olhar para o mundo a partir de perguntas. E é ao respondê-las, com base em dados concretos e observações rigorosas, que os cientistas, e por consequência a humanidade, ampliam os conhecimentos a respeito de uma infinidade de temas. Desse modo, não apenas melhoramos nossa compreensão das coisas, mas também nossa capacidade de intervir no ambiente e transformá-lo.

Portanto, a ciência que embasou as descobertas de Copérnico, Galileu, Darwin, Wallace, Mendel, Watson, Crick, Wilkins, Smith e Haeckel (para ficar apenas nos cientistas citados neste livro) foi a mesma que promoveu as tecnologias que embasaram as Revoluções Industriais e a Revolução Verde. É essa ciência que tem o desafio de descobrir modos de vivermos em harmonia com o planeta, a natureza e o Cerrado.

E ela vem cumprindo seu papel. Nos últimos cinquenta anos, os cientistas brasileiros ampliaram incrivelmente os conhecimentos sobre o funcionamento da natureza e a biodiversidade brasileira, particularmente do Cerrado. Hoje podemos dizer quais espécies vivem na região e muitos aspectos ligados ao modo como vivem, quais ameaças sofrem e quais ações necessárias para conservá-las. Outros estudos revelaram a relação das plantas do Cerrado com a água e o fogo, mostrando suas adaptações e fragilidades para resistir às queimadas e indicando o papel fundamental do Cerrado para o clima e a oferta de água doce do país.

O rio Araguaia, importante curso de água do Cerrado, registra áreas suscetíveis a assoreamento, fenômeno que oferece riscos ao equilíbrio do ecossistema. Na foto, trecho em Caseara, TO.

Muitas pesquisas monitoram a qualidade do ambiente, seja verificando o estado da cobertura vegetal[1] e das populações de espécies animais e vegetais, seja avaliando a qualidade do solo, do ar e dos rios. Desse modo, indicam locais e situações que requerem ações urgentes para a proteção ambiental. Por exemplo, uma pesquisa recente da Universidade de Brasília (UnB) indicou que o volume do rio Araguaia, um dos mais importantes do Cerrado, vem diminuindo a cada ano devido ao desmatamento das suas margens.[2]

Após um longo tempo de menosprezo, cientistas têm voltado a atenção à escuta e ao estudo dos conhecimentos tradicionais, desenvolvidos por séculos pela humanidade em contato com o ambiente natural. Desse diálogo, derivam estudos sobre os saberes tradicionais a respeito da biodiversidade. Assim, potenciais alimentícios e farmacológicos de muitas plantas têm sido "redescobertos" pela ciência depois de terem sido usados por séculos pelas populações tradicionais do Cerrado. O manejo do fogo no Cerrado, o uso de variedades ancestrais de plantas e modos de cultivo sem aditivos químicos também fazem parte desse "novo" aprendizado. A comunicação entre saber científico e saber tradicional também deu impulso a um movimento que vem crescendo bastante na busca por uma produção de alimentos mais saudáveis, como são os casos da agricultura orgânica e da agroecologia.

O produto da agricultura orgânica é aquele que não contou com o uso de agrotóxicos em sua produção e, portanto, é muito mais saudável. Já a agroecologia é um movimento bem mais amplo, pois, além de não utilizar produtos químicos no cultivo, emprega modos de produção mais sustentáveis, diversificando sementes e práticas e adequando essas escolhas às características do ecossistema natural. Na perspectiva social, a agroecologia preza pelas boas condições para o trabalhador em todas as fases da cadeia de produção, com o intuito de promover uma vida no campo mais justa e menos desigual.

1 Acompanhe o monitoramento do desmatamento no Cerrado no sistema SAD Cerrado em <https://sadcerrado.ipam.org.br/>. Acesso em: 23 jul. 2023.

2 Conheça o projeto Araguaia Vivo: <https://www.araguaiavivo.com/>. Acesso em: 23 jul. 2023.

Outro ponto em que a ciência tem sido fundamental diz respeito às pesquisas e aos projetos de recuperação das áreas degradadas. É sabido que restam de 30% a 40% do Cerrado original em condições razoáveis. Do restante que foi inteiramente transformado, e excetuando-se as cidades, sabe-se que 69% são pastagens, 15% são plantações e 16% constituem solo degradado. Pesquisas indicam que o futuro da produção agropecuária no Cerrado (e no mundo) não pode mais estar associado ao desmatamento para estabelecer novas áreas de produção, até mesmo pela importância fundamental, já vista anteriormente neste livro, dos biomas naturais nos diversos serviços ambientais, como o controle das alterações climáticas e a manutenção do ciclo da água.

Andre Dib/Pulsar Imagens

Segundo seu balanço social de 2022, para cada 1 real investido, a Embrapa devolveu quase 35 reais para a sociedade[4].

A solução para o futuro da produção agropecuária está na recuperação das áreas degradadas e na melhoria da eficiência dos estabelecimentos já existentes. A Embrapa e as universidades são instituições-chave para esse futuro de sustentabilidade e têm fornecido soluções para a melhoria da produção na região, bem como para a recuperação da vegetação nativa,[3] ajudando os proprietários a cumprir a lei, mantendo ou recuperando as áreas nativas correspondentes à Reserva Legal e às Áreas de Proteção Permanente (lembra a unidade 2?). São ações que divulgam aos produtores e à sociedade em geral as técnicas de recuperação da vegetação do Cerrado e das pastagens degradadas por meio de publicações e cursos disponíveis gratuitamente na internet.

NA PRÓXIMA VEZ que passar na frente de um *campus* de uma universidade ou instituto federal, ou uma unidade da Embrapa, lembre-se de que ali estão sendo feitas pesquisas sobre muitos temas que serão importantes para a melhoria de nossa qualidade de vida no Cerrado e nos demais biomas. Essas instituições merecem ser valorizadas pela sociedade, pois são elas que produzem a maior parte da ciência no nosso país.

3 Veja mais sobre os métodos de recuperação da vegetação do Cerrado (<https://www.embrapa.br/busca-de-publicacoes/-/publicacao/1146331/guia-de-plantas-do-cerrado-para-recomposicao-da-vegetacao-nativa>) e das pastagens degradadas (<https://www.embrapa.br/e-campo/ecuperacao-de-pastagens-degradadas>). Acesso em: 3 ago. 2023.

4 Disponível em: <https://www.embrapa.br/balanco-social-2022>. Acesso em: 3 ago. 2023.

Rogerio Reis/Pulsar Imagens

A Universidade Federal de Goiás (UFG) está entre as principais instituições de pesquisa que promovem a preservação do Cerrado. (Goiânia-GO, 2014)

O ANIMAL **POLÍTICO**

M.Antonello Photography/Shutterstock

O Congresso Nacional é o órgão legislativo do Brasil, responsável pela criação e aprovação de leis, além de exercer a função de fiscalização e controle dos atos do Poder Executivo. É composto de duas casas: a Câmara dos Deputados e o Senado Federal. (Brasília-DF, 2021)

Na unidade 3 utilizamos o termo "animal humano" para lembrar o contexto evolutivo da espécie humana, pois esse animal humano é mesmo diferente dos demais, já que ele é também um animal político.

A palavra "política" tem sua origem na Grécia antiga, *politikos*, que diz respeito aos habitantes da *pólis*, a cidade-Estado grega, mas que também pode ser generalizada para sociedades, comunidades e a vida em coletividade. O fato é que o início da vida urbana implicou uma organização muito mais complexa do que a da vida em pequenos grupos agropastoris, pois um número muito maior de pessoas passou a habitar o mesmo local, com uma diversidade de comportamentos e valores que obrigaram o surgimento de regras para organizar esse convívio. Um exemplo é o *Código de Hamurabi*, um dos mais antigos e conhecidos conjuntos de leis, talhadas em rocha, que regravam a vida na antiga região da Mesopotâmia, atual Iraque. O *Código de Hamurabi* está atualmente exposto no Museu do Louvre, em Paris.

rafapress/Shutterstock

A urna eletrônica brasileira é um dispositivo que integra o processo eleitoral brasileiro desde a década de 1990.

A política, portanto, é fundamental para organizar a vida coletiva, ou seja, a vida pública. Precisamos de regras para garantir que a paz e a justiça predominem em meio ao convívio de tantas diferenças de interesses e opiniões. A participação nos processos de decisões políticas é uma atitude fundamental que cada cidadão e cidadã deve buscar em todos os níveis da sociedade, que incluem não apenas o país, o estado e o município, mas também a escola, o bairro e as associações. É debatendo democraticamente – argumentando e refletindo sobre a opinião do outro – que se constroem as melhores soluções para os problemas que dizem respeito a todos.

Existem diversas formas de participação política na sociedade. Desde a possibilidade de concorrer em eleições, candidatando-se para os diversos cargos públicos disponíveis, até o envolvimento com organizações da sociedade civil. Essas organizações podem ser de diversos tipos, como associações, movimentos sociais ou organizações não governamentais (ONGs). Geralmente são organizações sem fins lucrativos e que atuam em defesa de diversos temas e interesses.

No caso das relações entre atividades econômicas e o meio ambiente são muitas as regras construídas e aprimoradas por meio do que chamamos de políticas públicas. O uso da terra é regrado por diversas leis, como o *Código Florestal*, que institui, por exemplo, a reserva legal e as áreas de proteção permanente (APP). As unidades de conservação, discutidas na unidade 2, são definidas pelo Sistema Nacional de Unidades de Conservação da Natureza (SNUC). Territórios indígenas, quilombolas e assentamentos da reforma agrária têm suas legislações específicas. Finalmente, a propriedade privada da terra também tem seu regramento e o processo da destinação das terras públicas tanto para esses importantes setores de interesse público, quanto para o setor privado, ou seja, para uma pessoa física, se chama "regularização fundiária". O órgão do governo responsável pela regularização fundiária é o Instituto Nacional de Colonização e Reforma Agrária (Incra). A posse da escritura é o que faz a pessoa ser proprietária da terra, que é o desejo de todo produtor e produtora, para fins de herança e para poderem acessar o apoio financeiro e técnico do Estado para a produção agropecuária, assim como para terem a devida responsabilidade pelo uso sustentável da terra, cumprindo as leis ambientais.

No Cerrado, existem várias entidades da sociedade civil atuando em diferentes frentes que representam interesses de populações tradicionais, como povos indígenas e quilombolas, camponeses, artesãos e agricultores familiares, produtores agroecológicos e outras que atuam diretamente na conservação da região.

NA PRÓXIMA VEZ que ouvir falar de alguma ONG, movimento social ou associação procure se informar adequadamente para conhecer melhor o trabalho desenvolvido, descobrindo mais detalhes como quem são as lideranças, como foi o seu processo de criação e em que projetos e ações tem atuado.

André Dib/Pulsar Imagens

São exemplos de áreas de proteção permanente: margens de rios, córregos, lagos e represas; nascentes e olhos-d'água; encostas e áreas de declive acentuada; topos de morros; áreas de recarga de aquíferos. Na foto, APP localizada no estado de Mato Grosso em processo de recuperação.

A seguir, uma lista de instituições que atuam no Cerrado. Você conhece alguma?

PRINCIPAIS ENTIDADES DA SOCIEDADE CIVIL COM ATUAÇÃO NO **CERRADO**.

Associação do Quilombo Kalunga (AQK)
www.quilombokalunga.org

Conservação Internacional
www.conservation.org/brasil/

Instituto Pró-Carnívoros
http://procarnivoros.org.br

Rede Cerrado
www.redecerrado.org.br

Rede de Sementes do Cerrado
www.rsc.org.br

Central do Cerrado
www.centraldocerrado.org.br

Fundação Biodiversitas
www.biodiversitas.org.br

Instituto Sociedade, População e Natureza (ISPN)
www.ispn.org.br

Sociedade Brasileira de Espeleologia
http://www.cavernas.org.br

Cerratinga - Produção sustentável e consumo consciente
www.cerratinga.org.br/

Instituto de Pesquisas Ecológicas (IPE)
https://ipe.org.br/

Portal Cerratense
http://cerratense.com.br

Povos Indígenas do Brasil
https://pib.socioambiental.org

WWF Brasil
www.wwf.org.br

Finalmente, cabe aos governantes – como presidentes, governadores e prefeitos – criar espaços para a participação da sociedade na gestão pública, seja por meio de órgãos como conselhos com representações de diversos setores da sociedade, seja por meio de editais disponibilizando recursos e premiações de modo a fortalecer ações exemplares de boas práticas.

Nesse sentido, é comum haver nos municípios conselhos de meio ambiente, segurança, desenvolvimento rural sustentável, entre vários outros. Um tipo de conselho particularmente importante é o Comitê de Bacia Hidrográfica (CBH). Esse comitê reúne representantes de uma comunidade que habita determinada bacia hidrográfica, ou seja, o "território delimitado por divisores de água cujos cursos de água em geral convergem para uma única foz localizada no ponto mais baixo da região".[5] Nesses comitês, são discutidos os usos e as responsabilidades de todos para o cuidado com o recurso mais precioso do planeta: a água.

Como exemplo de destaque de boas práticas, o *turismo sustentável* tem sido cada vez mais valorizado. Trata-se de um modelo de turismo que possibilita ganhos financeiros ao país e às comunidades, sem gerar a destruição do ambiente e valorizando a natureza e a cultura local. Existem diversas iniciativas bem-sucedidas de turismo com sustentabilidade, que sem dúvida constituem uma importante alternativa para o futuro do Cerrado.[6]

5 Veja mais sobre os CBHs no sítio da Agência Nacional de Águas (ANA) em <https://www.gov.br/ana/pt-br/assuntos/gestao-das-aguas/fortalecimento-dos-entes-do-singreh/comites-de-bacia-hidrografica>. Acesso em: 23 jul. 2023.

6 Veja iniciativas de turismo sustentável premiadas no Brasil em <http://iniciativassustentaveis.turismo.gov.br/>. Acesso em: 23 jul. 2023.

As cataratas dos Couros são um dos principais pontos turísticos da chapada dos Veadeiros (São Jorge - GO).

Double Bind Photography/Shutterstock

EDUCAÇÃO É UM MEIO DE TRANSFORMAR O MUNDO

A educação está presente em todas as civilizações humanas, ao longo da história e na atualidade. Mais do que o ensino e a aprendizagem de conteúdos, a educação deve ajudar as pessoas a compreender melhor o mundo em que vivem, dando também condições e motivação para que possam transformá-lo em um lugar cada vez mais justo, pacífico e sustentável.

É a educação de qualidade que pode fortalecer o respeito e o interesse da sociedade pela ciência, tão fundamental para o mundo moderno e para o futuro do planeta e do Cerrado, como vimos anteriormente. É ela também que pode incentivar as pessoas a participar das decisões políticas, seja melhor compreendendo os debates e questões polêmicas que impactam a vida de todos, seja possibilitando que uma vez instruídas, as pessoas tenham melhores condições para intervir na sociedade, como candidatos a cargos públicos mais bem preparados, ou ainda desempenhando com maior competência seus papéis nos mais diversos tipos de movimento da sociedade civil.

Com relação ao Cerrado, são muitas as contribuições da educação para a valorização da diversidade ambiental e cultural, para o aumento do conhecimento, do cuidado e do respeito pelo Cerrado, bem como para a motivação para tomar parte em ações que promovam a sustentabilidade nas suas mais diversas regiões.

Alguns projetos educativos buscam ampliar o acesso às informações, como são os casos de alguns museus virtuais sobre o Cerrado.[7] A Agroteca Virtual é outro exemplo de ação educativa.[8] Criada pela associação De Olho no Material Escolar, é uma plataforma que oferece conteúdo confiável sobre agricultura. Com acesso a textos, vídeos, games, livros e mais, a Agroteca foi concebida para suprir a necessidade de informações embasadas cientificamente, com curadoria técnica, em uma biblioteca virtual de fácil acesso. Diversos outros utilizam as redes sociais para divulgar informações e ações de conservação, como palestras, mutirões de limpeza, plantios e eventos culturais. As unidades de conservação, em geral, têm setores com pessoal dedicado a promover atividades variadas de educação ambiental.

É importante perceber que a educação ambiental pode atuar em muitas dimensões, com especial atenção para a difusão de conhecimentos, a promoção da sensibilização e de valores positivos sobre o Cerrado, e a motivação e capacitação para a ação e transformação da sociedade. Essas ações variam bastante, podendo envolver modificações no espaço, por meio de pinturas e outras intervenções arquitetônicas e artísticas ou, ainda, a construção de estruturas que possam ser úteis às atividades educativas, como hortas, praças ou teatros de arena. Também é possível organizar visitas, vivências, exposições ou mesmo usar a criatividade e os meios de comunicação para produzir programas de rádio, *podcasts*, vídeos, *blogs* e perfis nas diversas redes sociais.

Ações educativas podem e devem incluir experiências de participação cidadã por meio da promoção de um ato público (como uma passeata ou reunião), de um debate com uma liderança comunitária ou um gestor público ou ainda de documentos como um abaixo-assinado ou uma carta a uma autoridade com reivindicações, críticas ou elogios. Com o tempo, pode-se pensar em integrar grupos da sociedade civil já existentes na sua região. É nesse processo de conhecer, sentir e agir que a educação ambiental contribui para o envolvimento da sociedade com a construção de um planeta mais sustentável.

7 Conheça o Museu do Cerrado (<http://museucerrado.com.br>) e o Museu Virtual do Cerrado (<www.mvc.unb.br>). Acesso em: 23 jul. 2023.
8 Conheça a Agroteca em: <https://deolhonomaterialescolar.com.br/agroteca/>. Acesso em: 23 jul. 2023.

PENSAR GLOBALMENTE, AGIR LOCALMENTE

Reprodução/ONU

Os acordos internacionais são exemplos de ações políticas das mais importantes para a promoção da sustentabilidade, como os ODS propostos pela ONU e que incluímos neste livro. Assim, seguem aqui mais quatro deles, que também devem integrar nossa discussão.

É importante lembrar que os 17 ODS fornecem diretrizes para um movimento global em direção à sustentabilidade. Apesar de refletirem uma visão complexa e abrangente da sustentabilidade, muita gente avalia que existem temas importantes que não foram considerados e que precisam ser incluídos em novos ODS. Por exemplo, um grupo de pesquisadores de universidades brasileiras[9] propôs incluir ao menos mais três: 18º ODS – Igualdade racial; 19º – Arte, cultura e comunicação; 20º – Direitos dos povos originários e comunidades tradicionais. A partir dessa iniciativa, considere a realidade da sua região, converse com os amigos e parceiros e proponha também novos ODS a fim de avançarmos na construção de um mundo mais sustentável.

Reprodução/ONU

1º ODS – Erradicação da pobreza

O Banco Mundial classifica como situação de *pobreza* as pessoas que sobrevivem com menos de quinhentos reais por mês e como *extrema pobreza* aquelas que vivem com menos de dez reais por dia. Entre 2020 e 2021, havia 719 milhões de pessoas em condição de extrema pobreza no mundo. No Brasil, nesse período, 62,5 milhões de pessoas (29,4% da população) viviam abaixo da linha da pobreza e, entre elas, 17,9 milhões (8,4% da população) na extrema pobreza.

Assim como a existência da fome ante a abundância e o desperdício de alimentos, a existência de tamanha pobreza diante da fartura de alguns é uma das maiores comprovações de que a humanidade vive sob grandes contradições e de que ainda está longe de construir uma sociedade justa e sustentável. Por isso, o primeiro dos dezessete ODS propõe *acabar com a pobreza em todas as suas formas, em todos os lugares*.

Para isso, é fundamental que os países implementem programas e políticas para acabar com a pobreza em todas as suas dimensões, garantindo acesso a serviços básicos, propriedade da terra e outras formas de moradia, tecnologias apropriadas e serviços financeiros. No caso do Cerrado, o acesso à terra, insumos e equipamentos para que as famílias camponesas possam cultivar alimentos saudáveis é uma ação essencial para a redução da pobreza.

9 Conheça o Guia Agenda 2030 no *link*: https://www.guiaagenda2030.org/. Acesso em: 23 jul. 2023.

3º ODS – Saúde e bem-estar

Reprodução/ONU

No fim das contas, o que se almeja em uma sociedade sustentável é a saúde e a boa qualidade de vida. Por isso, esse ODS fundamental busca *assegurar uma vida saudável e promover o bem-estar para todas e todos, em todas as idades.*

Isso implica grandes esforços em várias frentes como: a redução das taxas de mortalidade materna, de recém-nascidos e crianças menores de 5 anos; o controle das epidemias e doenças tropicais negligenciadas; o combate às doenças transmitidas pela água e outras doenças transmissíveis; a prevenção e tratamento do abuso de drogas entorpecentes e uso nocivo do álcool; a redução dos acidentes em estradas; a garantia do acesso aos serviços de saúde sexual e reprodutiva; a redução do número de mortes e doenças por produtos químicos perigosos, contaminação e poluição do ar, da água e do solo. Todas essas questões são presentes na vida nos ambientes urbanos e rurais do Cerrado e, portanto, precisam ser prioridades dos gestores públicos.

5º ODS – Igualdade de gênero

Reprodução/ONU

Entre as desigualdades historicamente construídas e que perduram nas sociedades humanas, o machismo e a violência contra a mulher são certamente um destaque vergonhoso. O quinto ODS ataca diretamente esse problema ao propor *alcançar a igualdade de gênero e empoderar todas as mulheres e meninas.*

É urgente, portanto, acabar com todas as formas de discriminação contra todas as mulheres e meninas em toda parte, eliminando toda e qualquer forma de violência contra elas e promovendo a responsabilidade compartilhada dentro do lar e da família e a garantia da igualdade de oportunidades para a liderança em todos os níveis de tomada de decisão na vida política, econômica e pública.

Esse debate precisa começar dentro de casa e das escolas e dali ocupar todos os espaços da sociedade. Procure conhecer melhor e valorizar as lideranças femininas na sua região, como vereadoras, prefeitas, líderes comunitárias, empresárias, diretoras de escolas, entre tantas outras.

"A igualdade de gênero não é apenas um objetivo, mas um caminho para um mundo melhor. Quando as mulheres são tratadas com igualdade, toda a sociedade se beneficia." - Djamila Ribeiro, filósofa e escritora brasileira.

DisobeyArt/Shutterstock

17º ODS – Parcerias e meios de implementação

Reprodução/ONU

Por fim, como forma de garantir um movimento global a favor da sustentabilidade, o 17º ODS visa *fortalecer os meios de implementação e revitalizar a parceria global para o desenvolvimento sustentável.*

São diversas ações que podem se dar por várias frentes: a mobilização de recursos financeiros internos e dos países desenvolvidos para os países em desenvolvimento; a difusão de tecnologias ambientalmente corretas; a capacitação em apoio aos planos nacionais para implementar os objetivos de desenvolvimento sustentável; o aumento da participação dos países menos desenvolvidos nas exportações globais; a coerência das políticas para o desenvolvimento sustentável, respeitando o espaço político e a liderança de cada país; a realização de parcerias públicas, público-privadas e com a sociedade civil eficazes; a disponibilização de dados de alta qualidade, atuais e confiáveis, desagregados por renda, gênero, idade, raça, etnia, *status* migratório, deficiência, localização geográfica e outras características relevantes em contextos nacionais.

Procure identificar e valorizar na sua região as parcerias diversas entre órgãos públicos, o setor privado e a sociedade civil na promoção da sustentabilidade.

PALAVRAS **FINAIS**

Estamos chegando ao final do livro. Para mim, foram momentos de muita satisfação em que, por vezes, pensei estar conversando com você em minha sala enquanto escrevia. O livro é mesmo essa forma de encontro entre pessoas, autores e leitores, mesmo que em tempos e espaços distintos.

Essa foi a ideia aplicada neste livro para analisarmos nossas relações com o ambiente. Não podemos entender o que estamos vivendo hoje sem conhecer o passado, ou seja, como viemos parar aqui e nessa situação. Assim, a constituição evolutiva do Cerrado, suas espécies e paisagens, bem como a história e a presença da humanidade nessa região nos ajudam a avaliar para onde queremos caminhar e quais alternativas temos.

Por outro lado, o Cerrado é parte do planeta e, por isso, está interligado aos demais biomas, sociedades e sistemas que organizam a vida na Terra. O cuidado e a responsabilidade com o Cerrado se refletem no cuidado do planeta, assim como a degradação da natureza e das relações sociais mundo afora afetam o Cerrado. Uma pequena parte de tudo isso está representada no esforço de produzir este livro para você.

Agora, é chegada a hora de nos despedirmos com um "até breve" e, como dito lá no prefácio, cabe a você continuar a escrever essa história, que nos levará ao futuro que desejamos para o nosso planeta Cerrado.

wagnerokasaki/Getty Images/iStockphoto

AGRADECIMENTOS

Agradeço a gentil e competente equipe da Somos Educação pela confiança e parceria na produção deste livro. Quero também registrar meus agradecimentos aos parceiros de muitos projetos ligados à construção de um planeta mais sustentável, com quem tenho convivido e aprendido tanto ao longo dos anos. Falo de muita gente querida ligada à Universidade de Brasília (UnB), ao Programa de Pós-graduação em Educação em Ciências, ao campus da UnB em Planaltina (FUP), à região de Planaltina, à Secretaria de Educação do Distrito Federal, às comunidades da Chapada dos Veadeiros e da Serra da Canastra, e toda uma rede de amigos em diversas outras instituições e universidades no Brasil, em Portugal, Cabo Verde e demais países e regiões de língua portuguesa.

Pôr do sol no Cerrado (Chapada dos Veadeiros-GO).

Marcelo Bizerril é professor na Universidade de Brasília. Doutor em Ecologia, atua há mais de vinte anos na formação de professores e em projetos relacionados à educação ambiental. É autor de livros paradidáticos, literários e de dezenas de textos científicos publicados em diversos países.